Hallo

Warum fallen FLIEGEN NICHT von der Wand?

Knifflige Kinderfragen leicht erklärt

Projektleitung: Katja Baier
Autorin: Ingrid Peia
Redaktion: Ingrid Peia, Katja Baier, Michaela Stüttgen
Illustrationen: Petra Dorkenwald, München;
SCHINKEL Medien & Design, Berlin
Bildredaktion: Sonja Rudowicz
Layout und Satz: Anke Eickholt, Michael Lang
Einbandgestaltung: Verena Wübbe
Herstellung: Franziska Hans

Genehmigte Sonderausgabe für
VGV Kinderland GmbH, Garbsen 2010

Das Werk erschien erstmals 2006 unter dem Titel
„Bertelsmann Mein großes Buch der Fragen und Antworten“
im Wissen Media Verlag.

ISBN: 978-3-577-07743-9

Warum fallen FLIEGEN NICHT von der Wand?

Knifflige Kinderfragen leicht erklärt

KINDERLAND

Inhalt

Mensch und Körper

Erde und Weltall

Pflanzen und Tiere

Technik und Erfindungen

Religion und Geschichte

Politik und Gesellschaft

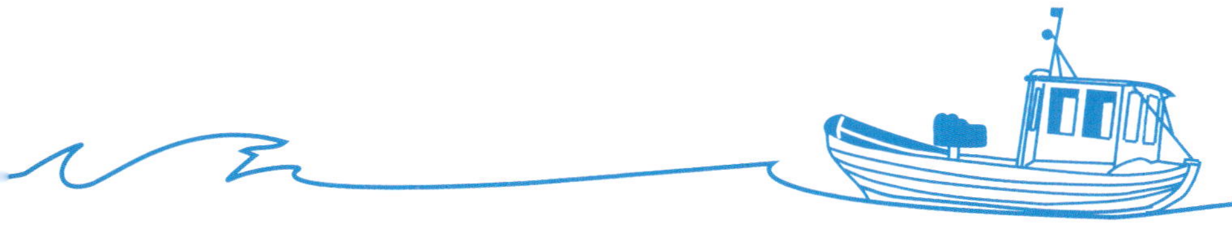

Mensch und Körper

Knochen

Wie viele Knochen habe ich?

Unser Körper besteht aus harten und weichen Teilen. Das kannst du auch von außen spüren. Die harten Teile sind die Knochen. Sie verleihen dem Körper Halt und schützen ihn. Alle Knochen zusammen nennt man Knochengerüst oder Skelett. Bei Erwachsenen besteht das Skelett aus etwa 206 Knochen.

Abrakadabra – wo sind die Knochen hin?

Kleine Babys haben sogar über 300 Knochen. Das Skelett eines Babys besteht nicht aus Knochen, sondern überwiegend aus weichem Knorpel. Beim Heranwachsen beginnt der Knorpel zu verknöchern. Dabei wächst er teilweise zusammen. Aus mehreren Knorpelteilen wird so ein festes Knochenstück.

Wusstest du,

- dass du den Unterschied zwischen harten und weichen Körperteilen hören kannst? Klopf dich nur einmal ab!
- dass Sport und Kalzium deine Knochen stark machen und sie dann nicht so schnell brechen?
- dass die kleinsten Knochen die winzigen Gehörknöchelchen im Ohr sind?
- dass die meisten deiner Knochen in deinen Händen und Füßen sind?

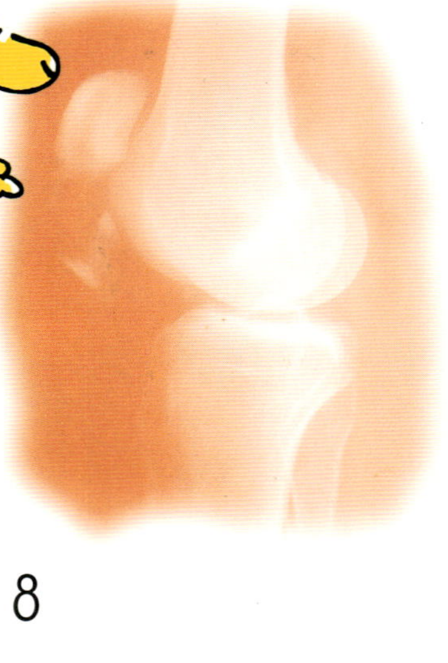

Die meisten Knochen sind durch Gelenke verbunden.

Und wenn ich mir den Arm breche?

Knochen können auch brechen, zum Beispiel wenn du beim Sport böse hinfällst. Doch normalerweise wachsen Knochen wieder zusammen. An der Bruchstelle wachsen neue Knochenzellen. Diese spannen sich dann wie eine kleine Brücke über die Lücke. Manche Brüche müssen operiert werden. Doch bei vielen Brüchen reicht es, wenn sie in einem Gipsverband ruhig gestellt werden. Nach etwa drei bis sechs Wochen ist der Knochenbruch dann meist wieder verheilt.

Blut

Wusstest du,

- dass Tintenfische und Hummer bläuliches Blut haben? Sie haben statt Eisen Kupfer im Blut.
- dass Erwachsene 5 bis 6 Liter und Kinder etwa 3 Liter Blut in ihrem Körper haben?
- dass es Bluter gibt? Menschen mit dieser Krankheit können schon an ganz kleinen Wunden verbluten.
- dass man Blut spenden kann? Das kann anderen Menschen das Leben retten.

Warum ist Blut rot?

Die roten Blutkörperchen machen das Blut rot. Von diesen hat der Mensch unglaublich viele: etwa 25 Billionen! In den roten Blutkörperchen ist Eisen. Und dieser Stoff, der auch einen verrosteten Nagel rötlich färbt, ist für die Farbe des Blutes verantwortlich. Ohne das Eisen würde Blut aussehen wie Milch.

Warum bekomme ich blaue Flecken?

Das Blut fließt durch Blutgefäße, die man Adern nennt. Wenn du dich irgendwo stößt, platzen an dieser Stelle winzig kleine Adern. Unter deiner Haut bildet sich dann ein »Blutsee«: der blaue Fleck. Der ist aber nur am Anfang blau. Nach ein paar Tagen wird er gelblich grün, weil sich der Blutfarbstoff langsam abbaut.

Wozu habe ich überhaupt Blut?

Blut ist überall in unserem Körper. Pausenlos wird es vom Herzen bis hoch in den Kopf und hinab in die kleinen Zehen gepumpt. Diesen Reiseweg nennt man Blutkreislauf. Blut hat viele Aufgaben: Es kämpft als Körperpolizei gegen Bakterien, Viren und Würmer. Es verschließt kleine Wunden und arbeitet als Klimaanlage, denn es wärmt oder kühlt den Körper. Außerdem transportiert Blut lebenswichtige Nährstoffe und bringt Sauerstoff von der Lunge in alle Teile deines Körpers.

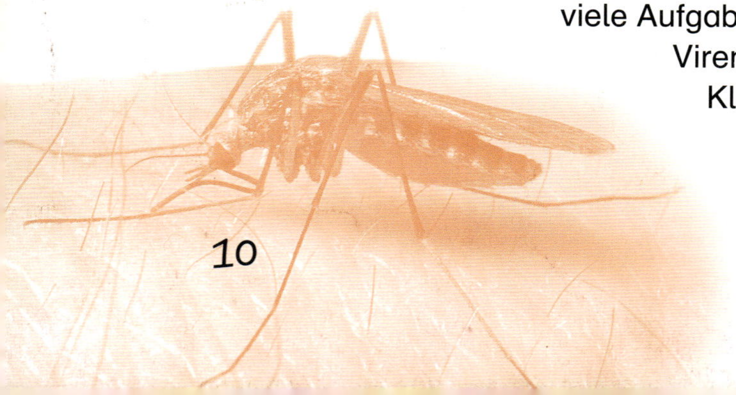

Blutsauger wie die Mücke können gefährliche Krankheiten übertragen.

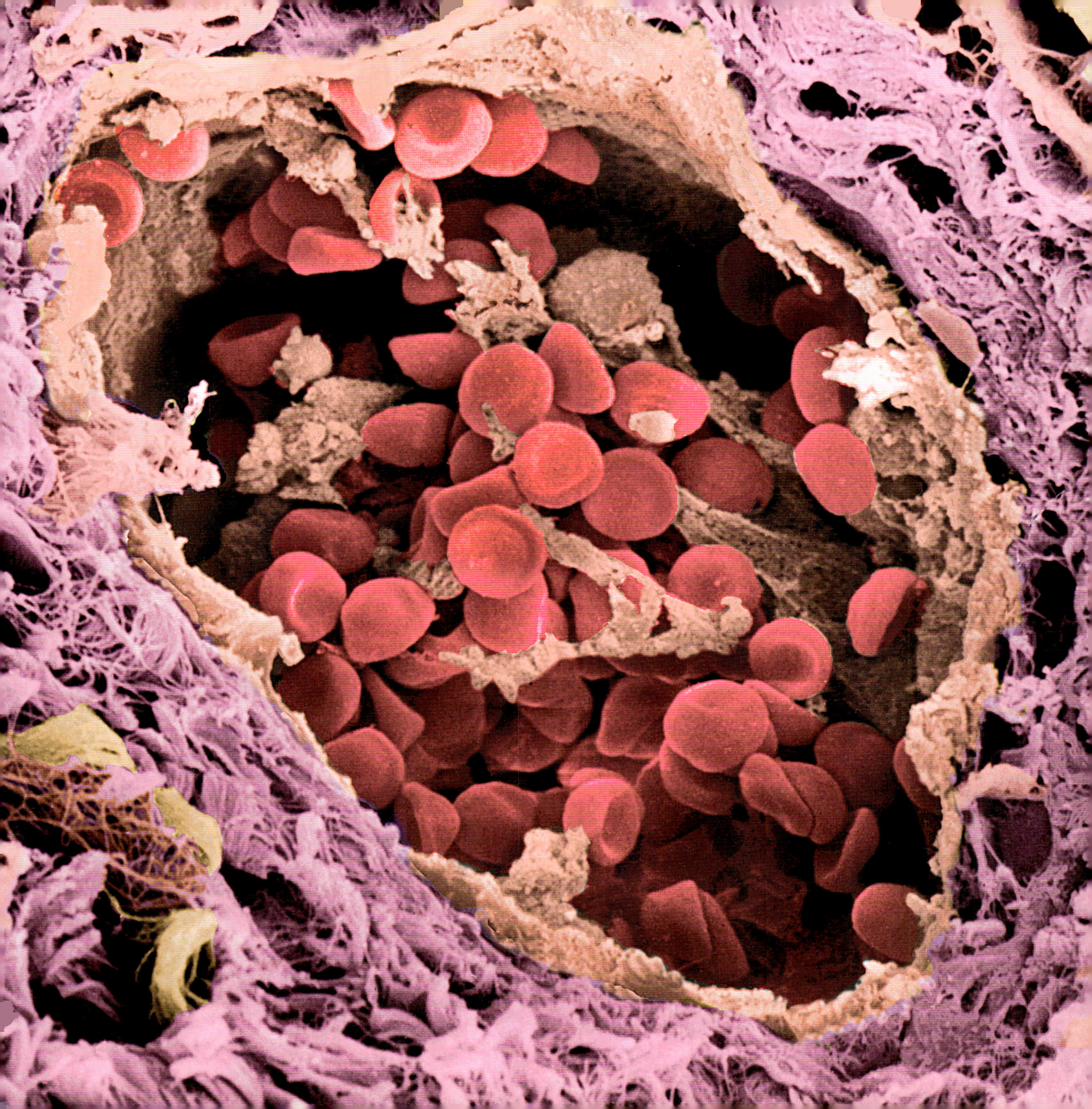

Haut und Haare

Wusstest du,

- dass die Haut das größte Organ des Menschen ist?
- dass die Haut von Kindern dünner und empfindlicher ist als die von Erwachsenen?
- dass Blonde die meisten Haare auf dem Kopf haben?
- dass jeder bis zu 100 Haare am Tag verliert?
- dass schon bevor man geboren wird, Haare und Nägel wachsen?

Warum wird die Haut in der Sonne braun?

Wenn Sonnenstrahlen auf unsere Haut treffen, bildet sie einen dunklen Hautfarbstoff, das Melanin. Die Haut wird braun. Sie versucht sich so vor der Sonne zu schützen. Die Sonnenstrahlen können jetzt nicht so tief in die Haut eindringen. Denn zu viel Sonne schadet der Haut.

Warum bekommt man eine Gänsehaut?

Unzählige winzige Haare bedecken fast unsere ganze Haut. Normalerweise liegen sie glatt an. Doch wenn du dich fürchtest oder frierst, stehen sie von der Haut ab. Das ist möglich, weil jedes Haar einen Haaraufstellermuskel besitzt, der nun angespannt wird. Die Haut sieht jetzt aus wie die einer gerupften Gans.

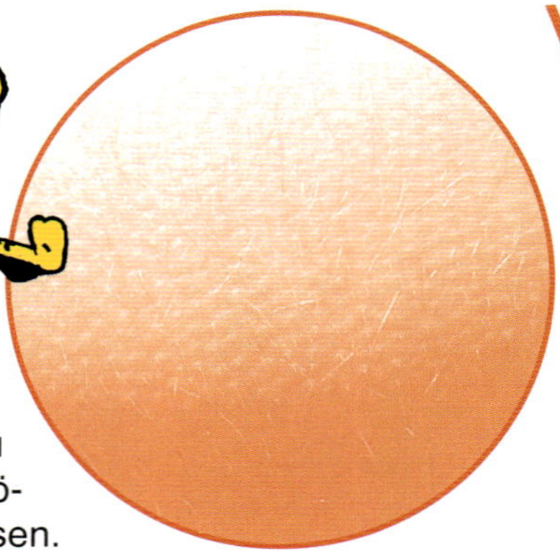

Gänsehaut bekommst du auch bei schönen Erlebnissen.

Wieso tut Haare schneiden nicht weh?

Haare bestehen wie Finger- und Fußnägel aus Horn. Sie enthalten weder Blutgefäße noch Nerven. So ist es zwar meist ziemlich langweilig beim Friseur – doch weh tut das Haare schneiden nicht. Ein Mensch trägt durchschnittlich 100.000 Haare auf dem Kopf. Diese wachsen ununterbrochen. Wenn sie zu lang sind, fallen sie aus. Da das aber einige Jahre dauert, sollten die Haare besser ab und an geschnitten werden. Damit du auch weiterhin den Durchblick hast!

Mund und Zähne

Wie viele Zähne habe ich?

Kinder haben zuerst das Milchgebiss mit 20 Zähnen: 8 Schneide-, 4 Eck- und 8 Backenzähne. Wenn sie etwa 6 Jahre alt sind, fallen die Milchzähne aus. In den Lücken wachsen nun die Zähne des »Erwachsenengebisses« nach. Dieses bleibende Gebiss umfasst 32 Zähne: 8 Schneide-, 4 Eck- und 20 Backenzähne.

Wie kommt das Loch in den Zahn?

Nach jedem Essen bleiben kleine Reste an den Zähnen hängen. Hier bilden sich schnell schädliche Bakterien. Diese können den Zahn angreifen und sogar zerstören. Doch wenn du regelmäßig deine Zähne putzt, dürftest du auch keine Karies – so heißen die Löcher in den Zähnen – bekommen.

Wusstest du,

- dass Kinder zweimal täglich ihre Zähne putzen sollten – nach dem Frühstück und vor dem Schlafengehen?
- dass die letzten Backenzähne auch Weisheitszähne genannt werden? Sie kommen meist erst nach 17 Jahren – wenn man schon ziemlich weise ist!
- dass man ohne Zähne nicht verständlich sprechen kann?
- dass unser Körper jeden Tag über 1 Liter Spucke herstellt?

Damit dir das Wasser im Mund zusammenläuft, reicht es schon, nur an etwas besonders Leckeres zu denken!

Warum habe ich so viel Spucke im Mund?

Spucke (oder Speichel) wird in den Speicheldrüsen in der Mundhöhle gebildet. Pfui Spucke? Von wegen! Spucke hat viele wichtige Aufgaben. Sie macht trockenes Essen feucht, damit wir es besser schlucken können. Außerdem leitet sie die Verdauung ein. Damit hilft sie dem Magen bei der Arbeit. Spucke spült auch Speisereste aus kleinen Ritzen und legt sich wie ein Film um unsere Zähne. So schützt sie die Zähne und das Zahnfleisch. Da bleibt dir glatt die Spucke weg?!

X
SPORT
LINE

Sinne

Wieso haben meine Augen eine Farbe?

Hinter der durchsichtigen Hornhaut auf der Vorderseite des Auges liegt die farbige Regenbogenhaut. Man nennt sie auch Iris. Die Farbe der Iris ist die Augenfarbe eines Menschen: Grün, Blau, Grau oder Braun. Die Augenfarbe wird von den Eltern auf die Kinder vererbt und ändert sich manchmal nach der Geburt.

Soll ich durch Mund oder Nase atmen?

Deine Nase verrät dir, ob etwas gut oder schlecht riecht. Und durch die Nase atmest du ein und aus. Das kannst du auch durch den Mund machen. Durch die Nase ist es aber besser, weil die feinen Härchen in den Nasenlöchern den Staub aus der Atemluft auffangen. Wenn du niest, wird er wieder ausgestoßen.

Wusstest du,

- dass du fünf Sinne hast: Sehen, Hören, Riechen, Tasten und Schmecken?
- dass sich die Nasenlöcher abwechseln? Es arbeitet immer nur eines, während sich das andere ausruht.
- dass Tränen nicht nur zum Weinen da sind? Sie halten die Augen feucht und sauber.
- dass Ohrenschmalz ganz wichtig ist? Es hält das Innenohr feucht und reinigt es.

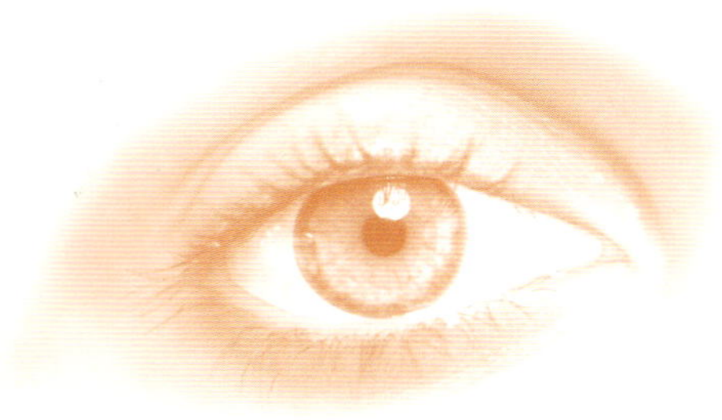

Dein Augenlid blinzelt ungefähr 20 Mal pro Minute.

Warum ist mir nach dem Karussellfahren schwindelig?

Mit unseren Ohren können wir hören. In unserem Innenohr befindet sich auch unser Gleichgewichtssinn. Dort gibt es drei mit Flüssigkeit gefüllte Röhrchen, die Bogengänge. Wären die nicht da, würden wir immerzu umfallen. Wenn du dich ganz schnell drehst und plötzlich stehen bleibst, kommen die Bogengänge durcheinander. Die Flüssigkeit in ihnen wirbelt nämlich dann noch weiter und du hast das Gefühl, dass sich alles weiter dreht. Dir ist nun richtig schön schwindelig!

Geburt

Wusstest du,

- dass viele Babys im Bauch der Mutter mit der Nabelschnur auch spielen?
- dass ein Baby im Bauch der Mutter manchmal am Daumen nuckelt, hustet, niest und ab und an sogar Schluckauf hat?
- dass ein Kind die Stimme seiner Mama schon aus dem Bauch kennt?
- dass an der Stelle, wo die Nabelschnur war, der Bauchnabel entsteht?

Wo wohnt das Baby vor der Geburt?

Vor der Geburt »wohnt« das Baby im Bauch der Mutter. Es befindet sich in ihrer Gebärmutter. Die Gebärmutter ist ein Muskel. Sie hat die Größe einer kleinen Birne und ist sehr dehnbar. Hier wächst das Baby neun Monate lang. Je größer es wird, desto größer wird auch die Gebärmutter und der Bauch der Mutter.

Wie isst das Baby im Bauch der Mutter?

In der Gebärmutter ist das Baby über die Nabelschnur mit der Mutter verbunden. Durch dieses »Verbindungskabel« wird es mit allem versorgt, was es braucht: Sauerstoff und Nährstoffe. Nach der Geburt wird die Nabelschnur durchtrennt. Das Baby braucht sie nicht mehr, denn es kann ja jetzt aus Mamas Brust trinken.

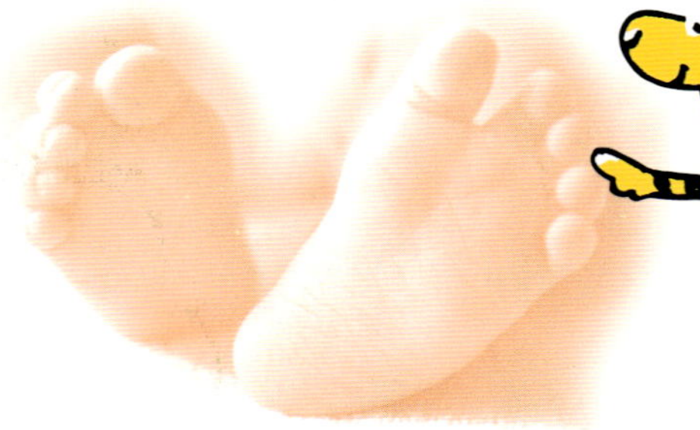

Babys sind am Anfang ziemlich langweilig: Sie können noch nichts und schlafen fast nur.

Wie kommt das Baby aus dem Bauch raus?

Bei der Geburt bahnt sich das Baby durch die Scheide der Frau den Weg nach draußen. Weil die Scheide sich sehr weit dehnen kann, passt es durch diese Öffnung hindurch. Fast alle Babys kommen mit dem Kopf voran auf die Welt. Heute werden bei uns die meisten Babys in einem Krankenhaus geboren. Die Geburt findet dann im Kreißsaal statt. Manchmal kann ein Baby nicht auf natürlichem Weg zur Welt kommen. Dann müssen die Ärzte das Kind holen. Diese Operation nennt man Kaiserschnitt.

Tod

Warum stirbt man?

Der Tod ist ein Teil des Lebens. Alle Pflanzen, Tiere und Menschen müssen irgendwann sterben. Wenn Menschen sehr alt geworden sind, lassen ihre Kräfte nach. Häufig sterben sie, weil ihr Herz zu schlagen aufhört. Aber auch junge Menschen können durch einen Unfall oder an einer Krankheit sterben.

Wohin kommt man, wenn man tot ist?

Die meisten Menschen, die gestorben sind, werden auf einem Friedhof beerdigt. Sie werden in einen Holzsarg gelegt, der in die Erde gesenkt wird. Auf das Grab kommt ein Grabstein mit ihrem Namen. Das Grab wird mit schönen Blumen geschmückt. Und an besonderen Tagen zündet man eine Kerze an.

Wusstest du,

- dass die Menschen im Vergleich zu früher immer älter werden? Das liegt unter anderem an der besseren medizinischen Versorgung.
- dass bei uns Schwarz die Farbe der Trauer ist? Es gibt aber auch Religionen, in denen die Menschen bei einer Beerdigung weiße Kleider tragen.
- dass einige Schildkröten über 100 Jahre alt werden? Eintagsfliegen leben dagegen höchstens ein paar Tage.

Was passiert nach dem Tod?

Niemand weiß genau, was ein Mensch beim Sterben fühlt oder was nach dem Tod passiert. Vielleicht schläft man einfach nur? Vielleicht wächst man als Blume aus der Erde? Manche Menschen glauben, dass die Verstorbenen zu Gott in den Himmel kommen. Andere glauben, dass sie nach ihrem Tod wiedergeboren werden. In den einzelnen Religionen gibt es ganz unterschiedliche Vorstellungen darüber, was nach dem Tod geschieht.

Kein Mensch weiß, was nach dem Tod geschieht.

Mädchen & Jungen

Warum gibt es Mädchen und Jungen?

Es muss Mädchen und Jungen geben, damit später neues Leben entstehen kann. Denn aus Mädchen werden Frauen und aus Jungen Männer. Und wenn eine Frau und ein Mann sich sehr lieb haben, wenn sie Geschlechtsverkehr (Sex) miteinander haben, kann ein Baby entstehen.

Dürfen Mädchen auch mit Autos spielen?

Jungs spielen am liebsten mit Puppen. Mädchen verkleiden sich gerne als Ritter oder spielen mit Autos. Umgekehrt? Alles Quatsch! Jedes Kind darf damit spielen, worauf es gerade Lust hat. Es gibt kein Spielzeug, das nur für Mädchen oder nur für Jungs ist! Probier einfach alles aus!

Wusstest du,

- dass es Mädchen in vielen Ländern schlechter haben als Jungs? Nicht alle Mädchen können zum Beispiel regelmäßig zur Schule gehen.
- dass viele Jungs in ihrer Freizeit am liebsten vor dem Computer sitzen? Mädchen lesen lieber Bücher.
- dass es weltberühmte männliche Balletttänzer gibt?
- dass auch Mädchen Fußball spielen können?

Gefühle sind weder männlich noch weiblich.

Warum kriegen Mädchen einen Busen?

Schon von Geburt an sehen Mädchen und Jungen unterschiedlich aus: Mädchen haben eine Scheide, Jungen einen Penis. Wenn sie erwachsen werden, bilden sich noch weitere Unterschiede heraus. So fangen mit Beginn der Pubertät, etwa ab dem 10. Lebensjahr, bei Mädchen die Brüste an zu wachsen. Dafür sorgen weibliche Geschlechtshormone. Jungen haben männliche Geschlechtshormone. Sie bekommen einen Bart und eine tiefere Stimme.

Sauberkeit

Warum muss man sich waschen?

Du musst dich regelmäßig waschen, damit du gesund bleibst. Denn im Schmutz gibt es viele verschiedene Keime, die dich krank machen können. Seife mögen die aber gar nicht! Unbedingt solltest du dir vor jedem Essen und nach jedem Toilettenbesuch die Hände gründlich waschen.

Dürfen sich Kinder schmutzig machen?

Kinder können sich beim Spielen richtig schön schmutzig machen. Und das ist sogar gut! Denn Kinder sollen draußen matschen, klettern, bauen und viele neue Dinge entdecken. Dabei kann man ja nicht ständig auf seine Hosen achten! Am besten, du ziehst an solchen »Tobetagen« einfach ältere Sachen an.

Wusstest du,

- dass Waschen auch Spaß machen kann? Waschlappenschlachten, Tauchversuche mit Brille und Schnorchel, Gummienten-Wettschwimmen …
- dass zu viel Waschen ungesund ist? Zu häufiges Waschen trocknet die Haut aus. Für die Badewanne gilt: nicht zu häufig und nicht zu lange!
- dass es früher in Wohnungen kein Badezimmer gab? Man benutzte zum Waschen eine Schüssel mit Wasser.

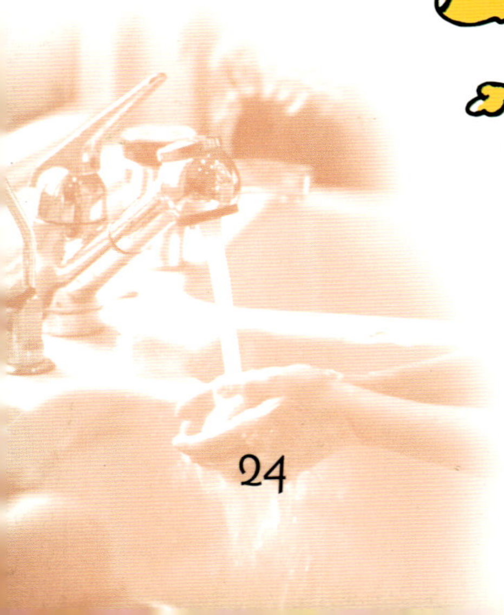

Krankheitskeime vermehren sich gut unter schmutzigen Fingernägeln.

Warum riechen die Füße manchmal nach Käse?

Wenn man den ganzen Tag Turnschuhe anhatte, riechen die Füße abends oft nicht besonders gut. Irgendwie nach Käse. Das liegt daran, dass die Füße in den Turnschuhen schwitzen. Eigentlich ist Schweiß geruchlos. Doch in den Schuhen kann der Schweiß nicht verdunsten, er staut sich. Nach einiger Zeit fängt er dann an, ziemlich schlecht zu riechen. Was dagegen hilft: die Füße regelmäßig waschen, die Socken täglich wechseln und auch mal andere Schuhe anziehen.

Verdauung

Warum knurrt mein Magen?

In den Wänden vom Magen sind Muskeln, die durch ihre Bewegungen den Essensbrei kräftig durchkneten. Das geschieht nicht nur bei vollem Magen. Wenn dein Magen leer ist, befindet sich dort Luft und Flüssigkeit, die durch diese Muskeln bewegt werden. Darum knurrt und gluckert es manchmal in deinem Bauch.

Wieso kann ich nicht das Essen bestimmen?

Etwa jeden Tag nur Pommes oder Nudeln? Da würde es dir nach einiger Zeit ganz schön schlecht gehen. Denn ein Mensch braucht verschiedene Nährstoffe, um gesund und fit zu bleiben: zum Beispiel Kohlenhydrate, Eiweiß, Fett, Vitamine und Mineralstoffe. Besonders Obst und Gemüse solltest du reichlich essen!

Wusstest du,

- dass man sterben muss, wenn man nichts mehr isst?
- dass ein Mensch etwa neun Monate seines Lebens auf der Toilette verbringt?
- dass der Darm mehrere Meter lang ist? Damit er in den Bauch passt, liegt er in vielen Schlingen übereinander.
- dass bei dünnen Menschen das Magenknurren lauter ist als bei dicken? Das Fettpolster dämpft die Geräusche etwas.

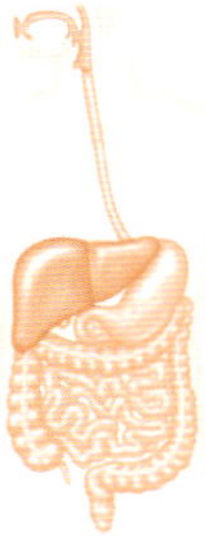

Es kann Tage dauern, bis das Essen seine Reise durch den Körper beendet hat.

Hokuspokus – wo ist mein Essen hin?

Vom Mund rutscht das zerkaute Essen durch die Speiseröhre in den Magen. Hier wird daraus ein dünner Brei. Dieser Essensbrei fließt dann in den Darm, wo die Teile aus ihm, die unser Körper braucht, herausgefiltert werden. Über das Blut werden sie an den ganzen Körper abgegeben. Was nicht verdaut werden kann, wandert durch den Dickdarm in den Mastdarm bis zum After. Durch den After (Po) scheiden wir die Überreste unseres Essens aus.

Gesundheit

Warum werde ich manchmal krank?

Rund um uns herum leben winzig kleine Viren und Bakterien. Die meisten sind völlig ungefährlich, einige können uns aber krank machen. Unser Körper wehrt sich meist erfolgreich gegen diese Krankheitskeime. Manchmal sind es aber so viele oder so starke, dass er sie nicht besiegen kann. Dann werden wir krank.

Wieso sind gerade Kinder häufig krank?

Die körpereigene Abwehr, die die gefährlichen Krankheitskeime vernichtet, nennt man Immunsystem. Es dauert aber einige Jahre, bis der Körper eine solch schlagkräftige Abwehrarmee aufgebaut hat. Bei Kindern muss das Immunsystem noch trainiert werden. Darum werden sie häufiger krank als Erwachsene.

Wusstest du,

- dass man bestimmte Kinderkrankheiten in der Regel nur einmal im Leben bekommen kann, zum Beispiel Röteln oder Windpocken?
- dass man dagegen Krankheiten wie Schnupfen oder Husten immer wieder bekommen kann?
- dass du dein Immunsystem auch trainieren kannst: durch eine gesunde Ernährung, genügend Schlaf und viel Bewegung an der frischen Luft?

Bist du schon gegen alle Kinderkrankheiten geimpft?

Tun Spritzen weh?

Eine Spritze verursacht einen kleinen Piks, den man auch spürt. Das tut aber nur ganz wenig weh. Wenn du beim Spritzen nicht hinschaust, spürst du fast gar nichts. Oft müssen Kinder eine Spritze bekommen. Etwa bei einer Impfung. Dabei wird dir eine kleine Menge eines Krankheitserregers gespritzt. Dein Körper kann auf diese Weise seine Abwehr trainieren, ohne zu erkranken. Taucht dann später der echte Erreger auf, wird er von deinem Immunsystem erkannt und vernichtet.

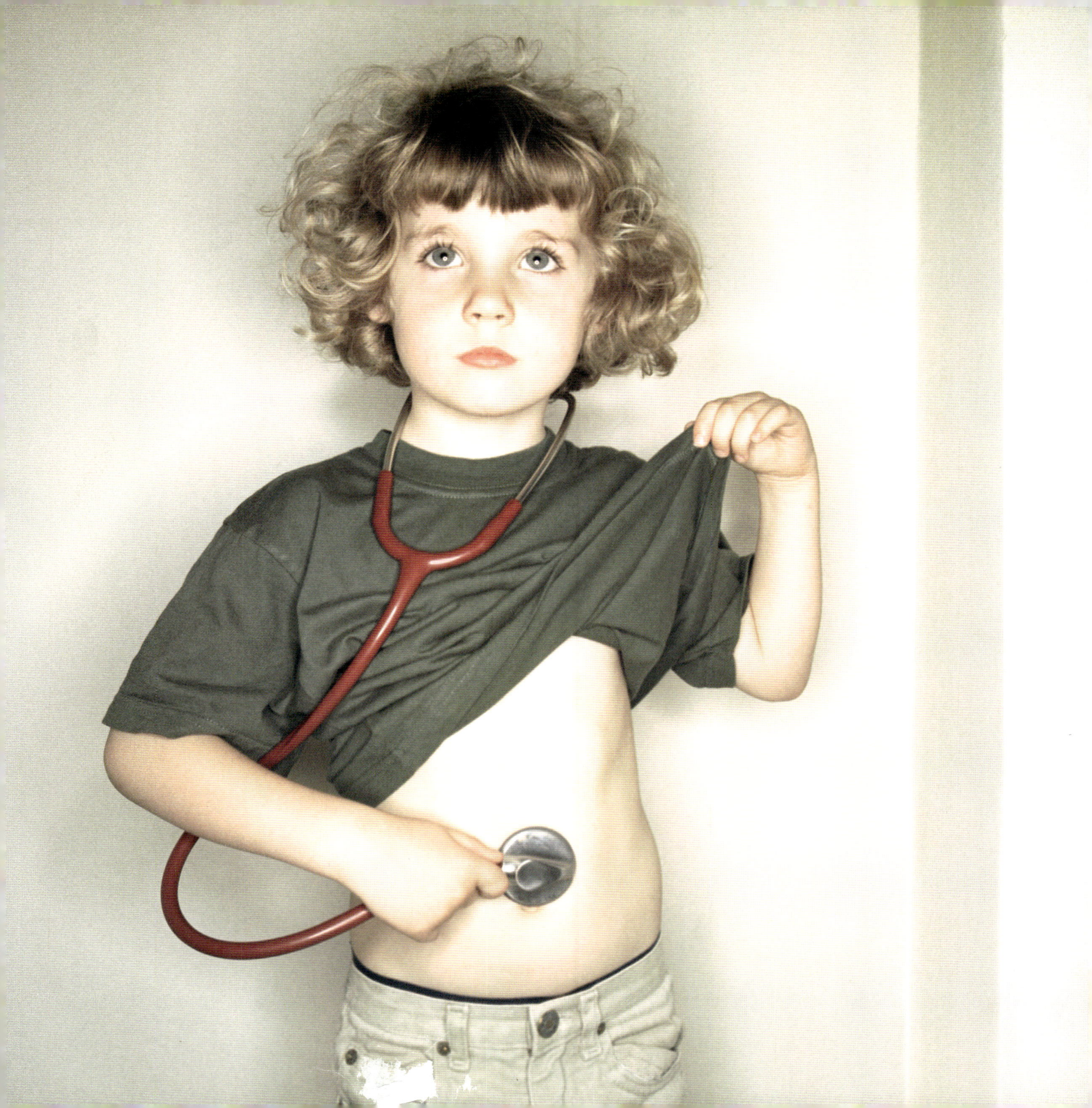

Gefühle

Warum bin ich nicht immer glücklich?

Es gibt schöne Gefühle wie Liebe, Fröhlichkeit, Geborgenheit. Und nicht so schöne Gefühle wie Wut, Eifersucht oder Einsamkeit. Gefühle bestimmen unser ganzes Leben. Kein Mensch fühlt sich jeden Tag gleich. An manchen Tagen reicht schon eine Kleinigkeit, um nicht glücklich zu sein: zum Beispiel Haare kämmen.

Ist schlechte Laune eine Krankheit?

Schlechte Laune ist zwar keine Krankheit, aber schlechte Laune kann auf Dauer krank machen! Schlechte Laune und Stress schwächen nämlich das Immunsystem. Man ist dann anfälliger für Krankheiten. Werde die schlechte Laune also schnell wieder los! Das gelingt oft, wenn du über deinen Frust redest.

Wusstest du,

- dass Gefühle ganz komplizierte Vorgänge sind, die vom Gehirn gesteuert werden?
- dass das Gefühl der Angst lebensnotwendig ist, weil wir uns dadurch vor Gefahren schützen können?
- dass man die Gefühle anderer ernst nehmen und respektieren sollte?
- dass die Gefühle oft Achterbahn fahren, wenn man verliebt ist?

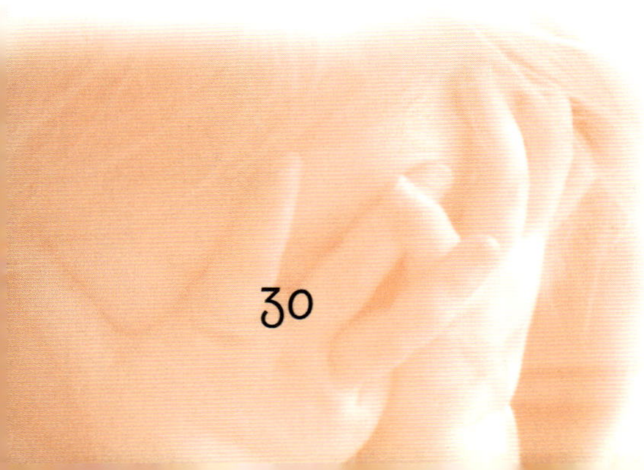

Unser Gesicht erzählt viel über unsere Gefühle. Wenn jemand traurig ist oder sich richtig freut, kannst du das an seinem Gesicht ablesen.

Warum lassen sich manche Eltern scheiden?

Eltern sind auch nur Menschen. Sie streiten sich und sie vertragen sich. Aber manche Eltern mögen sich nicht mehr. Sie wollen nicht mehr zusammenleben. Wenn sich Eltern trennen, tragen nie die Kinder Schuld daran. Die Eltern haben ganz eigene Gründe für ihre Trennung. Oft geht es da um enttäuschte Gefühle. Manchmal ist eine Trennung auch besser als endlose Streitereien. Kinder leiden unter einer Scheidung oft besonders. Ein kleiner Tipp: Lass deine Gefühle raus!

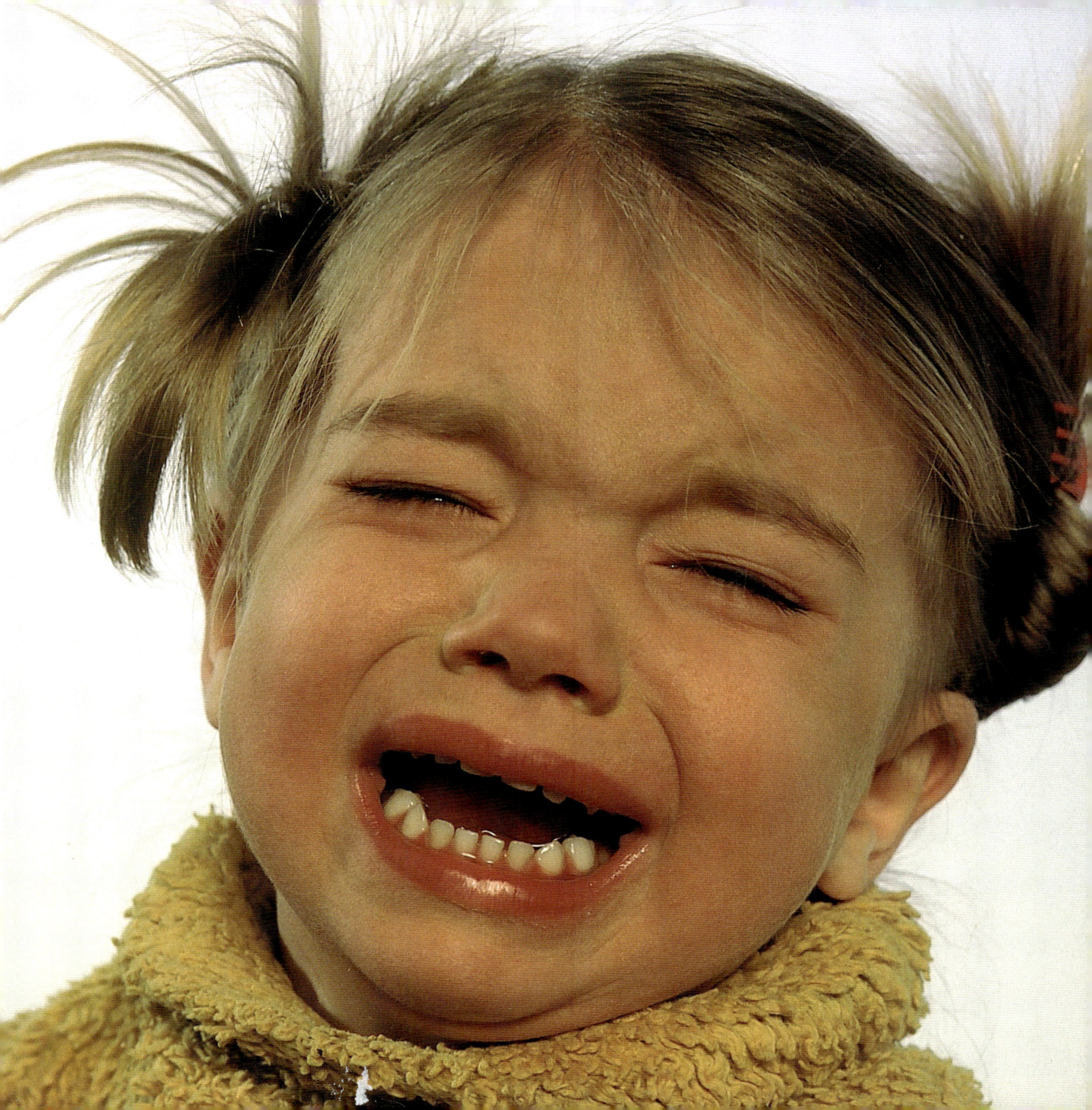

Erde und Weltall

Weltall

Wie groß ist das Weltall?

Das Weltall, auch Universum oder Kosmos genannt, ist unvorstellbar groß. Niemand weiß, wie riesig es genau ist. Ob es endlich oder unendlich ist. Es ist auf jeden Fall sehr viel größer, als wir mit unseren besten Teleskopen sehen können. Und seit seiner Entstehung scheint sich das Weltall immer weiter auszudehnen.

Wer hat das Weltall gemacht?

Viele Wissenschaftler nehmen an, dass unser heutiges Weltall vor etwa 10 bis 20 Milliarden Jahren durch eine riesige Explosion entstanden ist. Also lange Zeit bevor Menschen und Tiere auf der Erde lebten. Die Wissenschaftler nennen diese Explosion auch Urknall (englisch: Big Bang).

Wusstest du,

- dass das Wort »Astronaut« so viel bedeutet wie »Sternfahrer«?
- dass Astronauten in Russland Kosmonauten und in China Taikonauten heißen?
- dass der Raumanzug den Astronauten vor der großen Kälte im Weltraum schützt und vor gefährlichen Strahlen?
- dass du im Schwimmbad unter Wasser testen kannst, wie sich Schwerelosigkeit anfühlt?

Im Weltall gibt es ganz viel Schrott. Jede Rakete hinterlässt dort Müll.

Warum schweben Astronauten im Weltall?

Im Weltall ist alles schwerelos. Anstatt auf den Boden zu fallen, schweben alle Dinge kreuz und quer durch den Raum: Astronauten, Werkzeuge, Bananen, einfach alles! Darum müssen Gegenstände gut befestigt werden. Damit die Astronauten beim Arbeiten nicht wegschweben, gibt es in der Raumstation Schlingen, in die sie ihre Füße schieben können. Nachts schnallen sie sich an. Und in dem Astronauten-Klo ist eine Art Staubsauger, der einfach alles aufsaugt.

Sonne

Wie heiß ist die Sonne?

Die Sonne ist eine riesige Kugel aus glühendem Gas. Sie besteht hauptsächlich aus Wasserstoffgas. An ihrer Oberfläche ist die Sonne fast 6000 Grad Celsius heiß. Im Inneren der Sonne ist es sogar noch viel heißer. Hier herrscht eine Temperatur von circa 15 Millionen Grad Celsius.

Brauchen wir die Sonne?

Ohne die Sonne wäre unser Planet nur ein toter, eiskalter Stein. Und es wäre immer dunkel. Denn die Sonne versorgt unsere Erde mit Licht und Wärme. Ohne Sonne gäbe es auf unserer Erde gar kein Leben, denn alle Menschen, Tiere und Pflanzen brauchen ihr Licht und ihre Wärme.

Wusstest du,

- dass sich alle Planeten unseres Sonnensystems um die Sonne drehen?
- dass die Erde etwa 150 Millionen Kilometer von der Sonne entfernt ist?
- dass die Sonne so riesig ist, dass unsere Erde ungefähr 1,3 Millionen Mal in sie hineinpassen würde?
- dass im Inneren der Sonne unvorstellbare Explosionen stattfinden?

Bei einer Sonnenfinsternis schiebt sich der Mond vor die Sonne.

Wo ist die Sonne in der Nacht?

Die Erde ist eine Kugel, die sich im Laufe eines Tages einmal um sich selbst dreht. Immer nur eine Hälfte der Erde wird von der Sonne angestrahlt. Die andere Hälfte liegt im Dunkeln. Wenn bei uns Nacht ist, ist die Sonne also nicht wirklich vom Himmel verschwunden. Die Erde hat sich nur von ihr weggedreht. Und die Sonne spendet jetzt der anderen Erdhalbkugel Licht und Wärme. Während du nachts schläfst, spielen und toben zum Beispiel die Kinder in Australien ausgelassen im Sonnenschein.

Mond

Kann man auf dem Mond spazieren gehen?

Wenn man auf dem Mond spazieren gehen will, muss man sich warm anziehen. Es kann dort sehr kalt werden: In der Nacht bis zu –170 Grad Celsius! Tagsüber ist es dagegen glühend heiß. Außerdem braucht man einen Astronautenanzug, denn es gibt auf dem Mond keine Luft zum Atmen.

Hat der Mond ein Gesicht?

Malst du den Mond auch immer mit Augen, Ohren, Mund und Nase? Doch eigentlich besteht das Mondgesicht nur aus einer Reihe dunkler Flecken. Das sind Täler und Gebirge, so genannte Krater. Sie sind vor vielen Milliarden Jahren entstanden, als unzählige Meteoriten (Gesteinsbrocken) auf den Mond stürzten.

Wusstest du,

- dass der Mond manchmal in den Schatten der Erde gerät? Das ist eine Mondfinsternis.
- dass Ebbe und Flut durch die Anziehungskraft des Mondes verursacht werden?
- dass wir von der Erde aus immer die gleiche Seite des Mondes sehen?
- dass du die Krater auf dem Mond mit einem guten Fernglas oder Fernrohr genau erkennen kannst?

Der Mond ist der einzige Himmelskörper, der je von einem Mensch betreten oder befahren wurde.

Warum ist der Mond nicht immer rund?

Der Mond kreist um die Erde. Er leuchtet nicht aus eigener Kraft. Wir sehen immer nur den Teil von ihm, der gerade von der Sonne angestrahlt wird. Bei Vollmond steht der Mond der Sonne gegenüber. Er sieht dann wie eine große runde Kugel aus. Nacht für Nacht nimmt der Mond jetzt ab. Bei Neumond steht er fast genau zwischen Sonne und Erde. Du kannst ihn nun nicht mehr sehen. Doch von da an nimmt er wieder zu. Und nach rund 29 Tagen und 13 Stunden ist wieder Vollmond!

Sterne

Wie alt werden Sterne?

Sterne sind hell leuchtende, glühend heiße Kugeln. Sie entstehen aus Staub und Gas. Es gibt kleinere Sterne: die Zwergsterne. Und es gibt riesige Sterne. Manche von ihnen sind 1000-mal größer als die Sonne. Sterne leben oft viele Milliarden Jahre. Im Laufe der Zeit verändern sie sich. Irgendwann sterben sie.

Wie weit sind die Sterne entfernt?

In einer klaren Nacht sieht man die Sterne als kleine leuchtende Punkte am Himmel. Doch in Wirklichkeit sind alle Sterne riesige Kugeln. Sie erscheinen nur so winzig, weil sie viele Milliarden Kilometer entfernt sind. Sie sind so weit weg, dass uns ihr Licht oft erst nach einigen Jahren erreicht.

Wusstest du,

- dass nicht alle Sterne gelb leuchten? Manche leuchten weiß oder rot oder blau.
- dass nicht alle Menschen die gleichen Sterne sehen können? Man kann nur die Sterne sehen, die über der Erdhalbkugel leuchten, auf der man lebt.
- dass Menschen, die in Großstädten leben, am Nachthimmel kaum noch Sterne sehen können? Es gibt dort einfach zu viele hell erleuchtete Häuser und Straßenlaternen.

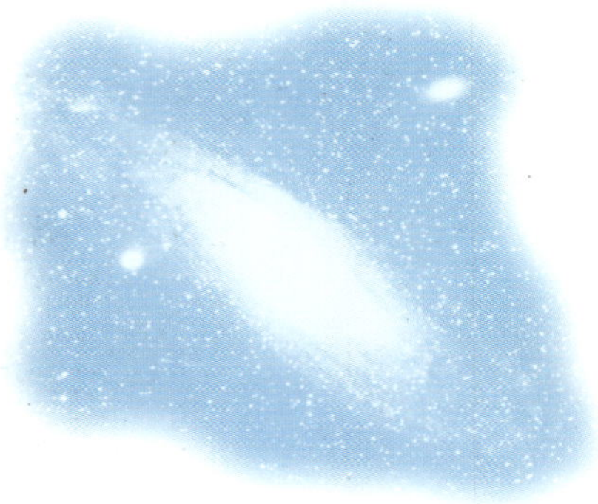

Im Universum gibt so viele Sterne, dass man sie nicht zählen kann.

Wo sind die Sterne am Tag?

Sterne sind immer am Himmel, aber tagsüber können wir sie nicht sehen. Denn am Tag ist das Licht unserer Sonne heller als das Licht der Sterne. Du kannst die Sterne nur bestaunen, wenn der Himmel nachts dunkel ist. In Wirklichkeit funkeln Sterne nicht, sondern sie sind immer gleich hell. Das Licht der Sterne muss auf seinem Weg zu uns durch warme und durch kalte Luftschichten. Und weil Luft immer in Bewegung ist, wird der Lichtstrahl dabei etwas »verwackelt«.

Erde

Wie alt ist die Erde?

Wahrscheinlich ist die Erde ungefähr fünf Milliarden Jahre alt. Zuerst war sie ein Feuerball, der durch das Weltall kreiste. Nach und nach kühlte sie sich ab. Auch die Oberfläche der Erde veränderte sich im Laufe der Jahrmillionen: Sie wurde fest und es bildeten sich große Wasserflächen.

Ist die Erde wirklich rund?

Noch vor etwa 500 Jahren glaubten die Menschen, dass die Erde eine Scheibe sei. 1519 startete der portugiesische Seefahrer Magellan zur ersten Weltumsegelung. Er konnte schließlich beweisen: Die Erde ist eine Kugel! Dabei gleicht sie aber eher einer Orange, denn an den Polen ist sie etwas platt gedrückt.

Wusstest du,

- dass vor etwa 600 Millionen Jahren das Leben auf unserer Erde entstand?
- dass die Erde einer von neun Planeten ist, die um die Sonne kreisen?
- dass unsere Erde keine feste Kugel ist, sondern aus beweglichen Platten besteht?
- dass du nicht von der Erde fallen kannst? Die Erdanziehungskraft sorgt dafür, dass Dinge nach »unten« fallen.

Die Erde dreht sich wie ein Kreisel um ihre Achse.

Wie sieht die Erde innen aus?

Unsere Erde besteht aus der Erdkruste, dem Erdmantel und dem Erdkern. Auf der Erdkruste leben wir. Sie ist 30 bis 60 Kilometer dick und umspannt den Erdmantel. Der Erdmantel ist nicht ganz so fest wie die Erdkruste, er besteht aus geschmolzenem Gestein. In knapp 3000 Kilometer Tiefe beginnt der Erdkern. Der äußere Erdkern ist flüssig, der innere Kern fest. Im Innern der Erde ist es ziemlich heiß! Wissenschaftler gehen davon aus, dass dort Temperaturen von circa 7000 Grad Celsius herrschen.

Himmel

Warum ist der Himmel blau?

Das weiße Licht der Sonne setzt sich aus den Farben des Regenbogens zusammen. Wenn dieses Sonnenlicht durch die Atmosphäre dringt, wird es nach allen Seiten verschieden stark gestreut. Da der blaue Anteil am stärksten gestreut wird, erscheint uns Menschen der Himmel blau.

Warum machen Flugzeuge weiße Streifen?

Die weißen Streifen nennt man Kondensstreifen. Sie entstehen nur, wenn ein Flugzeug durch hohe, kalte und feuchte Luftschichten fliegt. Dann lagert sich Wasserdampf aus der Luft an die Schmutzteilchen aus den Flugzeugabgasen. Wird der Kondensstreifen immer größer, entwickelt sich aus ihm eine dünne Eiswolke.

Wusstest du,

- dass Licht aus sieben Farben besteht: Rot, Orange, Gelb, Grün, Hellblau, Dunkelblau (Indigo) und Violett?
- dass man einen Regenbogen sieht, wenn während oder kurz nach einem Regenschauer die Sonne scheint? Die Regentropfen zerlegen dann das Licht in seine Farben.
- dass im Licht alles einen Schatten wirft? Hast du schon einmal mit deinen Händen Schattenfiguren geformt?

Wenn während eines Regenschauers die Sonne scheint, kannst du einen Regenbogen sehen.

Wie entstehen Wolken?

Wolken entstehen aus Wasserdampf. Wenn die Sonne auf die Meere und Flüsse scheint, wird das Wasser erhitzt und es verdampft. Dieser Wasserdampf steigt mit der warmen Luft in den Himmel hinauf. Dort kühlt er ab und aus den winzigen, unsichtbaren Wassertropfen werden Millionen größerer Tropfen. Sie sind so leicht, dass sie in der Luft schweben. Es sind die Wolken. Die Wassertropfen können aber auch so groß und schwer werden, dass sie schließlich zur Erde niederfallen: Dann regnet es.

Wetter

Wer macht das Wetter?

Drei Dinge braucht das Wetter: Luft, Wasser und vor allem die Sonne. Sonnenstrahlen erwärmen Kontinente und Meere. Die Sonne sorgt dafür, dass Wasser verdunstet, in die Höhe steigt, Wolken bildet und als Regen zurück auf die Erde fällt. Man kann also sagen: Die Sonne ist unser Wettermacher.

Was ist eigentlich ein Un-Wetter?

Un-Menschen braucht niemand. Un-Wetter auch nicht! Zum Beispiel heftige Stürme oder starke Regenfälle. Diese Witterung kann Menschen verletzen, Gebäude zerstören oder ganze Landschaften verwüsten. Häufig müssen von einem Unwetter betroffene Regionen den Notstand ausrufen. Sie benötigen dann Hilfe.

Wusstest du,

- dass du dir die Wetterkarte jeden Tag im Fernsehen oder in der Zeitung anschauen kannst?
- dass Wettervorhersagen besser sind als ihr Ruf? Meteorologen sagen mit mehr als 90 Prozent Trefferquote voraus, ob es innerhalb der nächsten ein, zwei Tage regnet, stürmt oder die Sonne strahlt.
- dass viele Menschen sehr empfindlich auf das Wetter reagieren? Sie sind wetterfühlig.

Schwere Stürme richten jedes Jahr große Schäden an.

Woher weiß man, wie das Wetter wird?

Die Wissenschaft, die sich mit dem Wetter befasst, heißt Meteorologie. Meteorologen, also Wetterforscher, beobachten und messen das Wetter ständig weltweit. Ihre Messgeräte sind in Wetterwarten und Wettersatelliten eingerichtet. Ihre Beobachtungen zeichnen sie in Wetterkarten ein. Das Ziel der Meteorologen ist eine möglichst genaue Wettervorhersage. Das ist sehr wichtig, weil sie dadurch die Menschen vor schweren Unwettern warnen können. Sie können sich dann rechtzeitig in Sicherheit bringen.

Niederschlag

Wer macht den Wind?

Die Sonne »macht« den Wind. Am Tag erwärmt sie unsere Erde. Da warme Luft leichter ist als kalte Luft, steigt sie nach oben in den Himmel. Die schwerere, kühle Luft aber sinkt nach unten. Hier erwärmt sie sich und steigt als warme Luft wieder nach oben. Und durch diese Bewegungen entsteht der Wind!

Fällt nur Regen aus den Wolken?

All das Wasser, das auf die Erde fällt, nennt man Niederschlag. Der Niederschlag kann flüssig in Form von Regen, Tau oder Nebel sein. Er kann aber auch eine feste Form haben und zum Beispiel als Schnee oder Hagel auf die Erde fallen. Das hängt davon ab, wie kalt es in und unterhalb der Wolke ist.

Wusstest du,

- dass die Natur den Wind braucht? Er verteilt die Samen von vielen Pflanzen und Bäumen.
- dass Windpocken sehr ansteckend sind? Sie verbreiten sich quasi mit dem Wind – wie der Name schon sagt!
- dass du ausrechnen kannst, wie viele Kilometer ein Gewitter noch entfernt ist? Du musst nur die Sekunden zwischen Blitz und Donner zählen und das Ergebnis durch 3 teilen.

An manchen Tagen regnet es wirklich Bindfäden. Sagt man jedenfalls so.

Was mache ich bei einem Gewitter?

Wenn es ein Gewitter gibt, hat sich elektrischer Strom in den Wolken angesammelt. Mit einem zuckenden Blitz entlädt sich der Strom. Wo ein Blitz einschlägt, kann er Feuer entfachen oder Menschen und Tiere töten. Meist schlägt er an der höchsten Stelle ein, zum Beispiel in Türme oder allein stehende Bäume. Am sichersten überstehst du ein Gewitter in einem Haus, im Auto oder im Zug. Auf keinen Fall solltest du in einem See schwimmen oder Boot fahren!

Jahreszeiten

Warum gibt es Jahreszeiten?

Du kennst bestimmt die vier Jahreszeiten: Frühling, Sommer, Herbst und Winter. Es gibt sie, weil sich die Erde um die Sonne dreht. Und weil die Erde nicht ganz gerade, sondern ein wenig schräg zur Sonne steht. Dadurch scheint die Sonne nicht das ganze Jahr gleichmäßig auf die unterschiedlichen Gegenden.

Wieso ist es im Sommer schön warm?

Im Sommer ist es bei uns schön warm, weil uns viele Sonnenstrahlen erreichen. Da die Erde im Jahresverlauf aber weiter um die Sonne wandert, werden nach und nach andere Länder der Erde mit viel Sonne bedacht. Wenn dann auf der Südhalbkugel der Sommer begonnen hat, frieren wir auf der Nordhalbkugel.

Wusstest du,

- dass die Tage im Sommer länger hell sind als die im Winter? Die Halbkugel, die der Sonne zugewandt ist, bekommt dann länger Licht.
- dass der kälteste Ort der Erde in der Antarktis liegt? Hier wurden einmal fast –90° C gemessen. In der Libyschen Wüste in Afrika zeigt das Thermometer dagegen oft mehr als 50° C an.
- dass zum Herbstanfang und zum Frühlingsanfang Tag und Nacht gleich lang sind?

Im Winter kann man prima Schneemänner bauen!

Gibt es überall auf der Erde vier Jahreszeiten?

Die vier Jahreszeiten sind am stärksten in den mittleren Breiten ausgeprägt – so wie bei uns. Die Grenze zwischen der Nord- und Südhalbkugel heißt Äquator. Die Länder, die in diesem Gebiet liegen, nennt man »Tropen«. Hier wird es nie kalt, denn diese Länder bekommen immer gleichmäßig Sonnenwärme ab. Es gibt hier nicht vier Jahreszeiten, sondern nur zwei: eine Regen- und eine Trockenzeit. Nord- und Südpol bekommen dagegen wenig Sonnenstrahlen ab. Hier ist es sogar im Sommer kalt – brrr!!!

Berge

Welches ist der höchste Berg?

Der höchste Berg der Erde ist der Mount Everest. Er liegt im Himalaya (Asien) und ist 8846 Meter hoch. Bergsteiger, die den Mount Everest besteigen wollen, brauchen sehr warme Kleidung und am besten ein Atemgerät mit künstlichem Sauerstoff. Denn nach oben wird die Luft immer dünner und es ist eisig kalt.

Welche Berge können Feuer spucken?

Vulkane sind Feuer speiende Berge. Im Innern der Erde ist es so heiß, dass die Gesteine dort geschmolzen sind. Diese Schmelze nennt man Lava. Wenn die Erdkruste Risse aufweist, sucht sich die Lava einen Weg nach draußen und bricht aus! Dort kann sie kilometerweit fließen, bis sie wieder kalt und fest wird.

Wusstest du,

- dass du immer weniger Pflanzen findest, je höher du auf einen Berg steigst?
- dass ein Vulkan mit jedem Ausbruch größer wird?
- dass sich viele Vulkane unter Wasser befinden? Bricht solch ein Vulkan aus, kann eine neue Insel entstehen.
- dass es nicht nur Feuer-, sondern auch Eisberge gibt? Der größte Teil eines Eisberges liegt unter Wasser.

Beim Bergsteigen muss man sich immer gut mit Seilen und Helm absichern.

Gab es eigentlich schon immer Berge?

Vor Millionen von Jahren gab es noch keine Berge. Da gab es nur einen einzigen flachen Kontinent: Pangäa. Der lag in einem riesigen Ozean. Die unterirdischen Strömungen des Ozeans zerrten so an ihm, dass er in mehrere Platten auseinanderbrach. Diese sind ständig in Bewegung. Und manchmal stoßen zwei Platten gegeneinander und schieben Teile der Erdkruste über- und untereinander. Ein Teil der Landmasse wird dabei aufgetürmt und es bildet sich langsam ein Gebirge.

Meer

Wie groß ist das Meer?

Vom Weltraum aus betrachtet erscheint die Erde blau. Darum nennt man die Erde auch »Blauer Planet«. Über zwei Drittel der Erdoberfläche oder rund 362 Millionen Quadratkilometer bestehen aus Wasser. Durch die Erdteile wird das Meer in drei große Ozeane gegliedert: Atlantischer, Indischer und Pazifischer Ozean.

Warum hat das Meer Wellen?

Ins Wasser geworfene Steinchen oder fahrende Schiffe verursachen Wellen. Meereswellen werden vor allem durch Wind erzeugt. Je stärker der Wind bläst, um so höhere Wellen gibt es. Große Wellen können Hunderte von Kilometern zurücklegen. Häufig türmen sie sich so hoch auf, dass sie sich überschlagen.

Wusstest du,

- dass Wasser eigentlich farblos ist? Es sieht nur blau aus, weil sich der blaue Himmel auf der Wasseroberfläche spiegelt.
- dass es tief unten im Ozean ganz dunkel ist, weil kein Sonnenlicht bis dorthin gelangt?
- dass das Meerwasser am Äquator eher warm, an den Polen dagegen bitterkalt ist?
- dass es rund 1,4 Milliarden Kubikliter Wasser auf der Erde gibt?

Unter Wasser leben außergewöhnliche Pflanzen und Tiere.

Wie kommt das Salz ins Meer?

In das Meer fließen viele Flüsse hinein. Auf ihrem Weg aus den Bergen bis ins Meer fließen sie über unzählige Gesteine. Und in allen Steinen und im Boden gibt es Salz. Die Flüsse waschen das Salz aus den Steinen und Böden und nehmen es laufend mit ins Meer. Wenn auf der Wasseroberfläche durch die Sonnenwärme Wasser verdunstet, verdunstet das Salz nicht mit. Es bleibt im Meer. Darum werden die Meere ständig ein klein wenig salziger.

Wüste

Wusstest du,

- dass die größte Wüste der Welt, die Sahara, nicht immer eine Wüste war? Früher lebten hier Tiere und es muss Wasser gegeben haben.
- dass ein Wüstenschiff auf keinem Meer schwimmt? So nennt man nämlich die Kamele wegen ihres schaukelnden Gangs.
- dass es mitten in Wüsten oft fruchtbare Plätze gibt? Man nennt sie Oasen. Hier gibt es meist unterirdische Quellen.

Was ist eine Wüste?

Wüsten sind Gegenden der Erde, in denen es wenige Tiere und Pflanzen gibt. Sie entstehen zum Beispiel, wenn ein Landstrich durch ein hohes Gebirge von den Regen bringenden Wolken abgeschirmt wird. Es gibt Sandwüsten, Steinwüsten und Eiswüsten. Die größte Wüste der Welt ist die Sahara in Afrika.

Können Wüsten wachsen?

Wüsten wachsen wirklich. Daran sind oft die Menschen schuld, weil sie fruchtbare Böden zerstören. Wüsten breiten sich auch aus, weil sich das Klima ändert. Gerade in den ärmsten Ländern der Welt befinden sich große Wüsten. Desto mehr die Wüsten wachsen, desto mehr Menschen leiden dort unter Hunger.

Klapperschlangen fühlen sich in der Wüste besonders wohl.

Gibt es Leben in der Wüste?

In vielen Wüsten regnet es monatelang überhaupt nicht. Am Tag kann es bis zu 50 Grad Celsius heiß werden. Dennoch findet man auch dort Tiere, Pflanzen und Menschen, die sich diesem Lebensraum angepasst haben. Wüstentiere wie Echsen, Schlangen und Spinnen kommen mit ganz wenig Wasser aus. Wüstenpflanzen wie Kakteen können Wasser speichern. Völker wie Nomaden, Tuaregs und Beduinen ziehen mit ihren Tieren durch die Wüste oder betreiben Ackerbau.

Pflanzen und Tiere

Sind Pflanzen lebendig?
Warum haben Pflanzen Blüten?
Fressen Fleisch fressende Pflanzen auch Menschen?

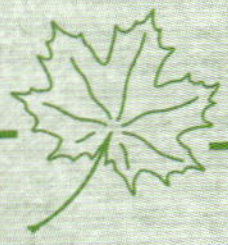

Wozu haben Bäume Blätter?
Warum verfärben sich Blätter im Herbst?
Wieso fallen im Herbst die Blätter von den Bäumen?

Warum wedeln Hunde mit dem Schwanz?
Wieso beißen Hunde?
Warum mögen Hunde so gerne Knochen?

Können Katzen auch im Dunkeln sehen?
Warum machen Katzen einen Buckel?
Stimmt es, dass Katzen immer auf die Pfoten fallen?

Sind Ponys die Kinder vom Pferd?
Warum reitet man mit Sattel?
Schläft ein Pferd im Liegen oder Stehen?

Wachsen Kaninchenzähne ständig nach?
Können Kaninchen sprechen?
Lebt das Meerschweinchen eigentlich im Meer?

Pflanzen

Sind Pflanzen lebendig?

Auch Pflanzen sind Lebewesen. Sie wachsen, drehen sich zum Licht, vermehren sich und nehmen Nahrung und Sauerstoff auf. Pflanzen können auch krank werden, zum Beispiel wenn die Luft stark verschmutzt ist oder wenn sie zu wenig Wasser bekommen. Manche glauben sogar, dass Pflanzen fühlen können.

Warum haben Pflanzen Blüten?

Die Blüten dienen der Fortpflanzung. In den Blüten entstehen nämlich Samen. Und aus diesen Samen wachsen später die neuen Pflanzen. Es gibt aber auch Pflanzen, die keine Blüten haben, zum Beispiel Farne oder Moose. Diese Pflanzen vermehren sich durch winzige Sporen, die vom Wind verbreitet werden.

Wusstest du,

- dass es Pflanzen schon auf der Erde gab, lange bevor Menschen dort lebten?
- dass die australische Wasserlinse die kleinste Blütenpflanze ist? Sie ist kleiner als der Punkt am Ende dieses Satzes.
- dass du Wildpflanzen niemals pflücken solltest? Viele sind vom Aussterben bedroht.
- dass es Pflanzen gibt, die richtig schlecht riechen? Zum Beispiel der Stinkende Gänsefuß.

Fressen Fleisch fressende Pflanzen auch Menschen?

Einem Menschen können Fleisch fressende Pflanzen nichts anhaben. Fliegen, Ameisen, Spinnen oder auch größere Insekten wie Schaben sollten sich dagegen besser in Acht nehmen! Mit ihrem Duft locken die Pflanzen ihre Beute an. Einige haben trichterförmige Blätter, in die das Insekt dann hineinstürzen, aber nicht wieder herausklettern kann. Andere schnappen blitzschnell zu, wenn sie berührt werden. Mit Verdauungssäften lösen sie ihre Beute auf.

Die Venusfalle schnappt zu, wenn eine Fliege in sie hineinkriecht.

Blätter

Wozu haben Bäume Blätter?

Blätter sind für einen Baum sehr wichtig. Wie eine kleine Fabrik sorgen sie dafür, dass der Baum immer genug Nährstoffe zum Leben hat. Das in Blättern enthaltene Blattgrün kann nämlich aus Wasser, Sonnenlicht und dem in unserer Luft enthaltenem Gas Kohlendioxid Traubenzucker und Sauerstoff herstellen.

Warum verfärben sich Blätter im Herbst?

Im Herbst werden die Tage kürzer und kälter. Der Baum spürt das und zieht alle wichtigen Stoffe aus den Blättern ab. Dazu gehört auch das Blattgrün. Übrig bleiben nur die Stoffe, die der Baum nicht zum Leben benötigt, zum Beispiel die roten und gelben Farbstoffe. Die färben die Blätter nun schön bunt.

Wusstest du,

- dass Nadelbäume ihre Blätter nicht verlieren? Sie haben robustere Blätter, die den Winter überstehen können.
- dass die Art und Weise, wie Pflanzen ihre Nahrung bilden, Fotosynthese genannt wird?
- dass es ein Tier gibt, das aussieht wie ein wandelndes Blatt und auch noch so heißt?
- dass ein Grashalm süß schmeckt, wenn du auf ihm kaust?

So sieht ein Blatt unter dem Mikroskop aus.

Wieso fallen im Herbst die Blätter von den Bäumen?

Der Baum ist im Herbst in wunderschönen Rot-, Gelb- und Orangetönen gefärbt. Doch die bunte Farbenpracht hält nicht lange. Die Tage werden kürzer und es fällt weniger Sonnenlicht auf die Blätter. Der Baum hat nun weniger Zeit, genügend Nährstoffe in seinen Blättern zu produzieren. Er muss von den Vorräten leben, die er im Frühjahr und Sommer produziert hat. Das ist ziemlich anstrengend. Darum wirft er die Blätter ab und ruht sich bis zum Frühling aus.

Hunde

Warum wedeln Hunde mit dem Schwanz?

Hunde bellen, knurren, heulen, fiepen. Und Hunde sprechen mit ihrem ganzen Körper. Mit ihrer Körperhaltung teilen sie dir mit, wie sie sich fühlen. Viele Hunde freuen sich, wenn sie mit dem Schwanz wedeln. Manche Hunde wedeln auch mit der Rute, wenn sie aufgeregt sind oder nicht wissen, was sie tun sollen.

Wieso beißen Hunde?

Wenn du einem Hund wehtust, kann er nicht sagen: »Hör auf!« Er kann dich nur anknurren oder zubeißen. Viele Hunde werden sehr böse, wenn sie Angst haben. Andere verteidigen durch Beißen ihr Futter oder ihr Revier. Manche wurden auch falsch erzogen. Nähere dich niemals einem böse knurrenden Hund!

Wusstest du,

- dass der Hund vom Wolf abstammt?
- dass Hunde zu den ältesten Haustieren des Menschen gehören?
- dass du niemals einen fremden Hund streicheln solltest? Frag immer erst den Besitzer, ob der Hund das auch mag.
- dass manche Hunde echte Lebenshelfer sind? Sie helfen blinden Menschen oder spüren Lawinenopfer auf.

Hunde können viel besser riechen und hören als ein Mensch.

Warum mögen Hunde so gerne Knochen?

Hunde sind Fleischfresser. Um ihr Gebiss gesund und kräftig zu erhalten, müssen sie viel beißen und nagen. Indem sie auf Knochen herumkauen, pflegen sie ihre Zähne. In Knochen sind zudem wichtige Mineralstoffe wie Kalzium. Gerne vergraben Hunde ihren Knochen. So haben sie einen kleinen Vorrat und kein anderes Tier kann ihnen den Schatz wegnehmen. Sind sie dann wieder hungrig, buddeln sie den Knochen aus, schütteln die Erde ab und verspeisen ihn genüsslich.

Katzen

Können Katzen auch im Dunkeln sehen?

Katzen können wirklich bei (fast) jedem Licht sehen. Ihre Pupillen sind verstellbar und passen sich automatisch an die Lichtstärke an. Im Dunkeln weiten sich die Pupillen zu einem Kreis. So kann besonders viel Licht in die Augen eindringen. Nur wenn es vollkommen dunkel ist, sieht auch eine Katze nichts mehr.

Warum machen Katzen einen Buckel?

Sieht eine Katze einen Hund oder eine fremde Katze, so krümmt sie häufig ihren Rücken zum Buckel. Auf diese Weise versucht sie, sich größer zu machen und das andere Tier zu beeindrucken. Um besonders mächtig zu wirken, wendet sie dem Gegner noch ihre Breitseite zu und faucht laut und Furcht erregend.

Wusstest du,

- dass Katzen gar keine Katzenwäsche betreiben? Sie putzen sich immer ganz gründlich.
- dass viele Menschen allergisch gegen Katzenhaare sind? Sie müssen niesen und ihre Augen jucken und tränen, wenn sie sie berühren.
- dass Kater (Katzenmännchen) – genauso wie Hunde – ihr Revier mit Urin markieren?
- dass die Augen von Katzen im Dunkeln leuchten?

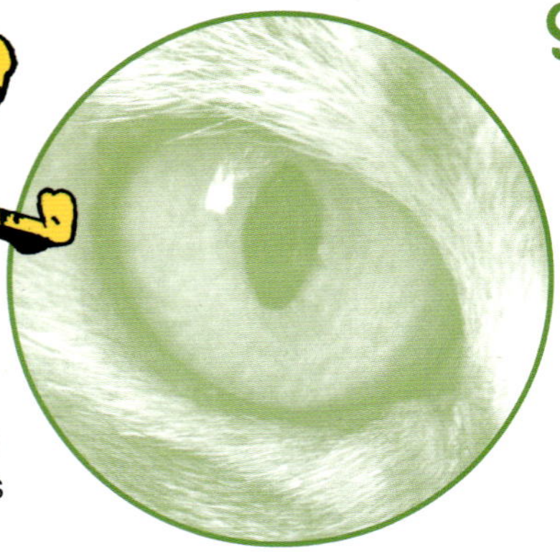

Katzenaugen können auch nachts gut sehen.

Stimmt es, dass Katzen immer auf die Pfoten fallen?

Katzen sind wahre Kletterkünstler. Sie haben einen sehr guten Gleichgewichtssinn. Dennoch passiert es auch ihnen schon mal, dass sie den Halt verlieren. Beim Fallen behalten sie ihre Augen offen und drehen sich dann blitzschnell vom Rücken auf den Bauch. Ihren langen Schwanz benutzen sie dabei als Steuer und als Bremse. So landen sie fast immer sicher und sanft auf ihren vier Pfoten. Diese Fähigkeit, sich im freien Fall zu drehen, nennt man Stellreflex.

Pferde

Wusstest du,

- dass man je nach Temperament und Körperbau zwei große Gruppen unterscheidet: die Warm- und die Kaltblutpferde?
- dass auch Pferde Freundschaften schließen? Eine gute Freundschaft zwischen Pferden hält ein Pferdeleben lang.
- dass ein gefundenes Hufeisen Glück bringen soll?
- dass Pferde Pflanzenfresser sind? Sie fressen vor allem Heu und Gras.

Sind Ponys die Kinder vom Pferd?

Pferdekinder heißen Fohlen. Ponys sind eine besonders kleine Pferderasse. Die Größe eines Pferdes wird als Stockmaß angegeben. Ponys haben ein Stockmaß von bis zu 120 Zentimetern. Gemessen wird diese Größe vom Fuß bis zum höchsten Punkt des Rückens, dem Widerrist.

Warum reitet man mit Sattel?

Ein Sattel gibt dem Reiter einen besseren Halt auf dem Pferderücken. Außerdem wird das Gewicht des Reiters gleichmäßiger auf dem Pferderücken verteilt. Das ist für das Pferd dann viel angenehmer. Ein Sattel muss aber richtig passen. Schlecht sitzende Sattel können einem Pferd große Schmerzen zufügen.

Es tut dem Pferd nicht weh, wenn es ein Hufeisen bekommt.

Schläft ein Pferd im Liegen oder Stehen?

Im Stehen dösen die Pferde nur. Zum Schlafen legen sie sich gerne hin. Am liebsten ins Gras, in Sand oder in ein weiches Strohbett. Pferde brauchen aber nur wenig Schlaf. Sie träumen auch. Manchmal schnarchen oder wiehern sie sogar im Schlaf. Pferde sind Fluchttiere. In einer Pferdeherde schlafen nie alle Tiere gleichzeitig. Einige Pferde halten »Wache« und warnen die schlafenden Tiere, wenn etwas Bedrohliches passiert. Dann kann die ganze Herde schnell flüchten.

Nagetiere

Wachsen Kaninchenzähne ständig nach?

Kaninchen sind immerzu am Knabbern. Sie fressen gerne Heu, Kräuter und Wurzeln. Sie kauen ihr Futter nicht wie Menschen, sondern sie zermahlen es durch seitliche Bewegungen der Kiefer. Dadurch werden ihre Zähne ständig abgerieben. Das ist aber nicht schlimm, denn die Zähne wachsen immer wieder nach.

Können Kaninchen sprechen?

Kaninchen können zwar nicht reden, aber sie beherrschen die Sprache der Gesten und Laute. Sie können schnüffeln, grunzen und fiepen. Wälzen sie sich auf dem Rücken, fühlen sie sich wohl. Stampfen sie dagegen mit den Hinterläufen, sind sie wütend. Haben Kaninchen Angst, trommeln sie mit ihren Pfoten.

Wusstest du,

- dass Meerschweinchen und Kaninchen Rudeltiere sind? Sie fühlen sich einsam, wenn sie allein gehalten werden.
- dass man Kaninchen und Meerschweinchen zusammen halten kann? Aber nur, wenn es mehrere sind.
- dass Kaninchen kleiner sind als Hasen und kürzere Hinterbeine und Ohren haben?
- dass Kaninchen bis zu 30 Junge im Jahr bekommen?

Kaninchen werden schnell zutraulich, wenn du dich mit ihnen beschäftigst.

Lebt das Meerschweinchen eigentlich im Meer?

Die meisten Meerschweinchen mögen es gar nicht, wenn ihr Fell nass wird. Und wie Schweine sehen sie eigentlich auch nicht aus! Wie sind sie nur zu ihrem merkwürdigen Namen gekommen? Ganz einfach: Sie kamen über das Meer zu uns. Spanische Seefahrer brachten die Meerschweinchen von Südamerika nach Europa. Und die Laute der Meerschweinchen erinnern an die der Schweine. Sie können nämlich auch ganz herrlich quieken und grunzen.

Affen

Warum schneiden Affen Grimassen?

Affen können sich mit Lauten untereinander verständigen. Außerdem benutzen sie ihre Gesichtszüge, um mit anderen Affen »zu sprechen«. Zeigen sie einem Artgenossen zum Beispiel eine ärgerliche Grimasse und fletschen die Zähne, dann sollte der lieber ganz schnell auf einen anderen Baum klettern.

Wieso lausen sich Affen?

Affen lausen sich gegenseitig. Sie zupfen sich Blätter, Hautschuppen, Läuse oder Flöhe aus ihrem Fell. Sie betreiben die Fellpflege auch, um Zuneigung und Respekt voreinander zu zeigen. Wer in der Gruppe einen tieferen Rang einnimmt, muss den Höherstehenden lausen. Aber auch Freunde lausen sich.

Wusstest du,

- dass viele Affenarten ihren Schwanz als »5. Hand« zum Klettern, Balancieren und Festhalten benutzen?
- dass fast alle Affen Pflanzenfresser sind? Ein Gorilla frisst bis zu 26 kg Blätter am Tag.
- dass rund 135 Affenarten auf drei Erdteilen (Afrika, Asien, Südamerika) zu Hause sind?
- dass Affen keine Krallen, sondern wie die Menschen Finger- und Fußnägel haben?

Menschenaffen sind unsere nächsten Verwandten im Tierreich.

Leben alle Affen auf Bäumen?

Klettern ist für die Affen überlebenswichtig. Auf dem Boden haben sie nämlich viele natürliche Feinde wie Tiger, Leoparden und Löwen. Darum leben die meisten Affenarten in den Bäumen. Einige leben aber auch auf dem Erdboden. So ziehen sich etwa Husarenaffen und Paviane nur zum Schlafen auf die Bäume zurück. Tagsüber flitzen sie durch die Savanne. Auch Gorillas halten sich viel am Boden auf. Sie können bis zu 300 Kilogramm schwer werden. Und welcher Ast hält das schon aus?

Elefanten

Warum haben Elefanten so große Ohren?

Asiatische Elefanten haben eher kleine Ohren, Afrikanische Elefanten dagegen riesige Segelohren. Sie helfen ihnen dabei, die hohen Temperaturen zu ertragen. Über die Ohren können sie Körperwärme abgeben. Wenn es ihnen dennoch zu heiß wird, stellen sie die Ohren auf und wedeln sich kühle Luft zu.

Wieso haben Elefanten so viele Falten?

Man nennt Elefanten auch Dickhäuter, denn ihre Haut scheint sehr dick zu sein. Doch sie besteht nur aus unzähligen Falten und Verwerfungen. Sind das dann ganz alte Elefanten? Nein, diese faltige Haut ist wieder so ein Trick gegen die Hitze! Sie bietet viel Oberfläche, an der die Körperwärme entweichen kann.

Wusstest du,

- dass Elefanten mehr als 60 Jahre alt werden können?
- dass ein Elefant schneller laufen kann als ein Mensch? Außerdem sind Elefanten sehr ausdauernd.
- dass Elefanten – wenn möglich – jeden Tag baden? Schlamm und Wasser kühlen die Tiere ab.
- dass Elefanten jeden Tag etwa 200 Liter Wasser trinken? Das ist eine ganze Badewanne voll!

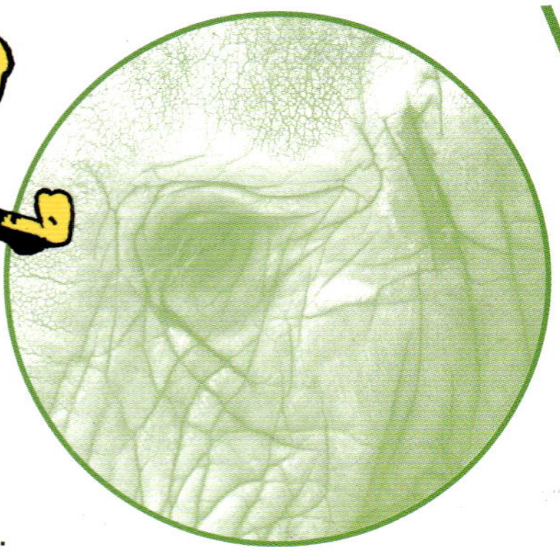

Die Haut von Elefanten ist ganz faltig.

Warum haben Elefanten einen Rüssel?

Der Rüssel ist die Nase des Elefanten. Sie brauchen ihn zum Riechen und Atmen. Der Rüssel ist für sie aber auch eine Art Hand, mit der sie Sachen aufheben oder Obst von Bäumen abreißen. Ohne Rüssel könnten Elefanten nicht trinken. Sie saugen das Wasser in den Rüssel und spritzen es sich danach in das Maul. Außerdem dient ihnen der Rüssel auch noch zum Tasten, als Alarmtrompete, Waffe, Schwimmschnorchel und sogar als Schlauch, um sich mit Wasser zu bespritzen.

Delfine

Warum lachen Delfine immer?

Jeder Mensch besitzt verschiedene Gesichtsmuskeln. Dadurch kann er alle möglichen Gesichtsausdrücke machen, zum Beispiel lächeln, böse gucken oder Grimassen ziehen. Delfinen fehlen solche Gesichtsmuskeln. Dadurch haben sie immer ein lachendes Gesicht und sehen ständig gut gelaunt aus.

Wieso begleiten Delfine Schiffe?

Delfine sind sehr neugierig. Darum begleiten sie oft Boote und Schiffe, indem sie nebenherschwimmen. Außerdem sind Delfine verspielt. Sie zeigen gerne tolle Sprünge, schwimmen hinter Wellen her, veranstalten mit anderen Delfinen Wettschwimmen oder reiten auf den hohen Wellen, die die Schiffe machen.

Wusstest du,

- dass ein Delfin so groß und so schwer wie ein erwachsener Mensch werden kann?
- dass sich Delfine untereinander über Pfeiftöne verständigen?
- dass der Schwertwal der größte Delfin ist?
- dass Delfine in Gruppen leben, in denen sie sich gegenseitig schützen und helfen? Diese Gruppen nennt man auch Delfinschulen.

Delfine sind sehr intelligente Tiere.

Warum springen Delfine aus dem Wasser?

Obwohl Delfine eine glatte Haut haben und im Wasser leben, sind sie keine Fische. Es sind Meeressäugetiere, die wie wir mit Lungen atmen. Alle zwei bis drei Minuten müssen sie zum Atmen an die Wasseroberfläche kommen. Durch ihre Atemöffnung oben am Kopf holen sie dann Luft. Oft machen sie das, indem sie dabei hoch aus dem Wasser springen. So kommen sie schneller voran, weil Luft einen geringeren Widerstand bietet als Wasser.

Vögel

Können alle Vögel fliegen?

Die meisten Vögel können fliegen. Flugunfähig sind die großen Laufvögel. Zu ihnen gehört etwa der Strauß. Er hat seine Flugfähigkeit verloren und stattdessen lange, kräftige Laufbeine entwickelt. Auch der Pinguin kann nicht fliegen. Er ist dafür besser als andere Vögel an das Leben im Wasser angepasst.

Warum singen Vögel so schön?

Mit ihrem Gesang wollen Vögel ihr Revier abgrenzen. Außerdem dient der Vogelgesang der Partnersuche. Mit den lieblichen Tönen wollen sie Weibchen anlocken und sie anschließend zur Paarung überreden. Jeder Vogel hat übrigens seinen eigenen Gesang. Kannst du einige Vögel an ihren Stimmen erkennen?

Wusstest du,

- dass alle Vögel Eier legen? Aber nicht alle bauen ein Nest. Uhus legen ihre Eier am Boden ab und der Kuckuck legt seine Eier in fremde Nester.
- dass Vögel, um fliegen zu können, leicht sein müssen? Deshalb haben sie auch hohle Knochen.
- dass man Vögel, die zu Beginn des Winters in warme Länder fliegen, Zugvögel nennt? Vögel, die bei uns überwintern, heißen Standvögel.

Kolibris sind die kleinsten Vögel der Welt.

Warum fallen Vögel im Schlaf nicht vom Baum?

Bist du nachts auch schon einmal aus dem Bett gefallen? Eigentlich seltsam, dass die Vögel im Schlaf nicht vom Ast herunterfallen! Die meisten Vögel haben Krallen an den Zehen. In ihren Krallen haben sie einen Greifreflex. Dadurch schließen sich die Krallen automatisch, wenn sie einen Ast berühren. Und die Krallen öffnen sich erst wieder, wenn sich die Vögel besonders anstrengen. Bei den Menschen ist das genau umgekehrt: Wir müssen uns anstrengen, wenn wir etwas greifen wollen.

Insekten

Warum fallen Fliegen nicht von der Decke?

Fliegen können kopfüber laufen, weil sie winzige Härchen und Haken an ihren sechs Beinen haben. Auf den Haarspitzen sind auch noch Mini-Saugnäpfe. Mit denen können sie sich richtig festsaugen. Und aus den Haarspitzen kommt eine Klebe-Flüssigkeit. Dadurch können sie sogar an Scheiben kopfüber hängen.

Wie lange lebt die Eintagsfliege?

Das Leben einer Eintagsfliege ist wirklich sehr kurz. Viele leben nur ein paar Stunden. In dieser Zeit pflanzen sie sich fort. Sie paaren sich im Flug, werfen die befruchteten Eier aus dem Flug aufs Wasser und sterben. Ihnen bleibt noch nicht einmal Zeit zum Fressen. Eintagsfliegen existieren nur, um sich zu vermehren.

Wusstest du,

- dass Stubenfliegen keine Zunge habe? Sie schmecken mit ihren Füßen.
- dass Stubenfliegen mit ihren zwei kurzen Fühlern riechen?
- dass Fliegen eigentlich nützliche Tiere sind? Sie bestäuben Blüten und beseitigen Abfall.
- dass Mücken nicht durch Licht angelockt werden? Die Körperwärme und der Hautgeruch ihres Opfers weisen ihnen den Weg.

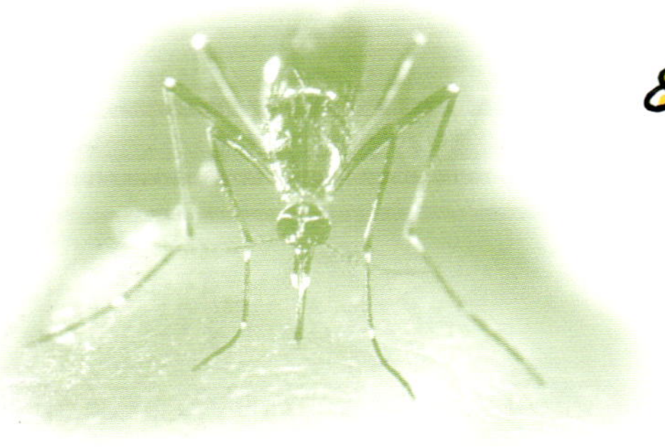

Zum Blutsaugen haben die weiblichen Mücken einen langen Rüssel.

Warum jucken Mückenstiche?

Mückenstiche sind richtig lästig. Oft jucken sie tagelang ganz fürchterlich. Dabei pieksen uns die Mücken nicht, um sich von unserem Blut zu ernähren. Nur die weiblichen Mücken stechen zu. Sie brauchen nämlich Teile unseres Blutes für die Entwicklung ihrer Eier. Dass die Stelle um den Stich herum anschwillt und juckt, wird durch den Speichel der Mücken ausgelöst. Sticht eine Mücke in den Tropen zu, dann kann sie gefährliche Krankheiten wie Malaria übertragen.

Dinosaurier

Wann lebten die Dinosaurier?

Die Dinosaurier lebten vor ungefähr 200 Millionen Jahren auf der Erde. Zu dieser Zeit gab es dort noch keine Menschen. Wissenschaftler nennen diese Zeit »Erdmittelalter«. Das Klima damals war warm und schwül. Große Meere, Seen, Flüsse und riesige Sümpfe bedeckten die Landschaft.

Wieso wissen wir so viel über Dinosaurier?

Alles, was wir über Dinosaurier wissen, haben wir aus ihren versteinerten Überresten gelernt, den Fossilien. Die Fossilien wurden bei Ausgrabungen gefunden. Aus den gefundenen Knochen etwa konnten die Wissenschaftler erkennen, wie der Körperbau der riesigen Tiere aussah.

Wusstest du,

- dass das Wort »Dinosaurier« übersetzt »schreckliche Echse« bedeutet?
- dass der Tyrannosaurus Rex zu den größten Raubtieren gehört, die je an Land gelebt haben? Er wurde 10 bis 14 Meter lang und bis zu sieben Tonnen schwer.
- dass man die kleineren Verwandten der Dinosaurier auch heute noch fast überall findet? Es sind die Reptilien, zum Beispiel die Krokodile.

Dinosaurier haben Eier gelegt, aus denen ihre Babys geschlüpft sind.

Warum sind die Dinosaurier ausgestorben?

Die Dinosaurier starben vor rund 65 Millionen Jahren aus. Warum sie ausgestorben sind, ist noch nicht eindeutig geklärt. Viele Wissenschaftler gehen davon aus, dass damals ein Meteorit auf die Erde aufschlug. Rauch und Asche verdunkelten daraufhin jahrelang die Sonne. Es wurde immer kälter auf der Erde und die Pflanzenwelt veränderte sich. Die Dinosaurier fanden nichts mehr zum Fressen und starben aus. Zusammen mit den Dinosauriern verschwanden auch viele andere Tiere.

Technik und Erfindungen

Flugzeuge

Wieso sind Ohren im Flugzeug »belegt«?

In der Luft herrscht ein ganz bestimmter Luftdruck. Der Luftdruck verändert sich, je nachdem in welcher Höhe du dich gerade befindest. Über den Wolken ist er niedriger als auf der Erde. Darunter leiden deine Ohren. Was ihnen dann hilft: Bonbons, Kaugummis oder Nase verschließen und kräftig schlucken.

Warum gibt es in Flugzeugen Schwimmwesten und keine Fallschirme?

Flugzeuge sind in sehr großen Höhen unterwegs. Hier könnte ein Mensch ohne Schutzhülle nur Sekunden überleben. Fallschirme würden also nichts nützen. Doch Schwimmwesten helfen den Passagieren nach einer Notlandung auf dem Wasser.

Wusstest du,

- dass Flugzeuge zu den sichersten Verkehrsmitteln gehören?
- dass es auch im Himmel Verkehrsregeln gibt?
- dass moderne Flugzeuge einen Autopiloten haben? Dadurch können sie zum Beispiel automatisch landen.
- dass es sogar Flugzeuge gibt, die senkrecht starten und landen sowie rückwärtsfliegen können?

Dieses Flugzeug nennt man Doppeldecker.

Wieso fallen Flugzeuge nicht vom Himmel?

Es sind zwei Dinge, die ein tonnenschweres Flugzeug fliegen lassen. Zum einen muss es durch einen Motor, der einen Propeller antreibt, schnell vorwärtsbewegt werden. Anstelle des Propellers haben größere Flugzeuge Düsentriebwerke. Außerdem braucht es Flügel, so genannte Tragflächen. Über diese strömt die Luft so, dass das Flugzeug nach oben gedrückt wird. Darum sind die Tragflächen auf der Oberfläche gewölbt. Die Kraft, die ein Flugzeug in der Luft hält, nennt man Auftrieb.

A3XX
A3XX

Hubschrauber

Wusstest du,

- dass Hubschrauber auch als Helikopter bezeichnet werden?
- dass Hubschrauber nicht so schnell wie Flugzeuge fliegen können? Meistens fliegen sie 200 bis 250 Kilometer pro Stunde.
- dass Hubschrauber etwa 6000 Meter hoch fliegen können?
- dass manche Militärhubschrauber so groß sind, dass in ihnen sogar Panzer Platz haben?

Warum haben Hubschrauber Propeller?

Hubschrauber haben anstelle der Tragflächen auf dem Dach einen motorgetriebenen Rotor (Propeller), der sie hochhebt. Je nachdem, wie die Rotorblätter eingestellt sind, kann der Hubschrauber senkrecht starten und landen, vorwärts-, seitwärts- oder rückwärtsfliegen, auf der Stelle wenden und in der Luft stehen.

Wie wird ein Hubschrauber gesteuert?

Zum Steuern eines Hubschraubers braucht der Pilot beide Hände und Füße. Mit den Händen bedient er Hebel und Steuerknüppel. So kann er die Rotorblätter richtig einstellen und kontrollieren. Die Füße braucht er, um über zwei Pedale den Heckrotor zu steuern. Der wird zum Beispiel für das Kurvenfliegen benötigt.

Mit Hubschraubern werden Menschen aus Seenot gerettet.

Wofür werden Hubschrauber eingesetzt?

Hubschrauber können beinahe überall landen und starten. Darum setzt man sie oft zur Rettung von verunglückten Bergsteigern, Skifahrern oder Schiffbrüchigen ein. Nach schweren Verkehrsunfällen landen Hubschrauber auf der Autobahn und bringen die Verletzten schnell ins nächste Krankenhaus. Hubschrauber-Piloten der Polizei beobachten aus der Luft den Verkehr, suchen vermisste Kinder oder entflohene Verbrecher. Kranhubschrauber können gewaltige Lasten heben.

HB-XDG
AIR GLACIERS
AIR GLACIERS
HB-XDG

Autos

Wie funktioniert ein Auto?

Klar, ohne Motor könnte ein Auto nicht fahren! Und Benzin braucht es natürlich auch. Das ist aber noch lange nicht alles. Da fehlt noch die Batterie, die Kupplung, der Verteiler… Moderne Autos bestehen aus vielen tausend Einzelteilen. Und alle Teile müssen genau aufeinander abgestimmt sein.

Warum haben Reifen Rillen?

Reifen mit Rillen verdrängen das Wasser auf nassen Straßen besser als glatte Reifen. Wenn es regnet, liegt auf den Straßen eine dünne Wasserschicht. Beim Fahren muss dieses Wasser von den Reifen weggedrückt werden, sonst könnte man das Auto nicht mehr richtig lenken und bremsen.

Wusstest du,

- dass es in der Anfangszeit des Autos Benzin nur in Drogerien und Apotheken gab?
- dass Raketenautos schneller als der Schall sind? Sie erreichen Geschwindigkeiten von 1000 Kilometer pro Stunde.
- dass Kinder, die jünger als 12 Jahre oder kleiner als 150 Zentimeter sind, im Auto immer auf der Rückbank in Kindersitzen sitzen müssen? Sonst sind sie bei einem Unfall nicht gut geschützt

Die ersten Autos hatten Holzräder mit Speichen und noch kein Dach.

Stimmt es, dass Autos unserer Umwelt schaden?

Kaum eine andere Erfindung hat unsere Welt so sehr verändert wie das Auto. Inzwischen gibt es Millionen von Autos. Damit die alle fahren können, werden immer mehr Wiesen und Wälder in Straßen und Autobahnen umgewandelt. Außerdem pusten die Autos ihre schädlichen Abgase in die Luft. Diese Abgase stinken nicht nur, sondern verändern auch unser Klima und sind schädlich für Menschen, Tiere und Pflanzen. Darum: Zu Fuß zur Schule zu gehen ist viel besser für die Luft!

Züge

Warum fährt ein Zug auf Schienen?

Eisenräder auf Schienen haben weniger Reibung als Gummiräder auf Straßen. Deshalb kann man mit der gleichen Energie größere Lasten ziehen. Schienen brauchen auch viel weniger Platz als Straßen. Und die Spurführung der Schiene verhindert gefährliche Situationen, die auf Straßen oft zu Unfällen führen.

Wie schnell können Züge fahren?

Am schnellsten sind die Hochgeschwindigkeitszüge. Der deutsche ICE, der japanische Shinkansen und der französische TGV erreichen Höchstgeschwindigkeiten von über 400 Kilometer pro Stunde. Der schnellste Zug der Welt ist der TGV. Im Mai 1990 stellte ein TGV mit 515,3 Kilometer pro Stunde den Weltrekord auf.

Wusstest du,

- dass die erste Eisenbahn der Welt 1825 in England fuhr?
- dass die erste deutsche Eisenbahn (»Adler«) 1835 von Nürnberg nach Fürth fuhr?
- dass die ersten Lokomotiven von Dampf betrieben wurden?
- dass heute die modernen Züge mit Dieselkraftstoff oder Strom fahren?
- dass es auch Züge gibt, die schweben?

Die meisten Züge fahren auf Schienen.

Wieso darf man nicht auf den Gleisen spielen?

Kinder, die auf Gleisen spielen, bringen sich in Lebensgefahr. Züge sind so leise und schnell, dass man sie oft nicht rechtzeitig bemerkt. Da Züge auf Schienen fahren, können sie nicht ausweichen. Zudem haben sie einen wesentlich längeren Bremsweg als Autos. Muss ein Zug eine Notbremsung machen, können auch die Fahrgäste im Zug verletzt werden. Auch dicht neben dem Gleis darf man nicht spielen. Man kann von dem Sog (Luftstrom), den ein durchfahrender Zug entwickelt, mitgezogen werden.

FRANKFURT (MAIN) HBF
3
401 067-4

Schiffe

Woher wissen Seefahrer, wo sie sind?

Früher haben sich Seefahrer an der Sonne und den Sternen orientiert. Heutige Seefahrer haben elektronische und satellitengestützte Messgeräte, um auf dem offenen Meer den richtigen Weg zu finden. An Bord ist auch immer ein Kompass, mit dem man die Himmelsrichtung bestimmen kann, in die man sich bewegt.

Wie bewegt sich ein Schiff vorwärts?

Heute werden die meisten großen Schiffe von Dieselmotoren angetrieben. Früher sorgten dafür noch riesige Dampfmaschinen. Durch den Dampf bewegten sich die Schaufelräder oder eine Schiffsschraube am Heck. Schiffe können aber auch durch Ruder, Paddel oder Segel vorwärtsbewegt werden.

Wusstest du,

- dass auch Knetmasse schwimmen kann, wenn du sie verformst und dabei einen mit Luft gefüllten Hohlraum schaffst?
- dass ein U-Boot über und unter dem Wasser fahren kann?
- dass unsere Erde ein riesiger Magnet ist? Die Kompassnadeln von Schiffen richten sich im Magnetfeld der Erde aus.
- dass Schiffe auf Werften gebaut werden?

Große Containerschiffe haben oft mehr als 4000 Container geladen.

Warum schwimmt ein Schiff auf dem Wasser?

In einem Schiff ist ganz viel Luft. Luft wiegt weniger als Wasser. Sie hat eine geringere Dichte als Wasser. Aber das Schiff ist doch aus schwerem Stahl! Die geringe Dichte der Luft und die Dichte des Stahls ergeben eine mittlere Dichte. Da die Dichte des ganzen Schiffes immer noch geringer ist als die Dichte des Wassers, kann das Schiff schwimmen. Ist ein Schiff aber so schwer beladen, dass seine Dichte größer ist als die des Wassers, dann sinkt es.

36

Strom

Was ist Strom?

Stell dir mal vor, es gäbe keinen Strom! Dann könntest du kein Eis schlecken und der Fernseher wäre rabenschwarz. Ohne Strom ist unser tägliches Leben nicht mehr vorstellbar. Strom ist elektrische Energie. Die fließt zum Beispiel, wenn du beim Aussteigen aus dem Auto »eine gewischt« bekommst.

Wie wird Strom produziert?

In der Natur gibt es viele Stromquellen: die strahlende Sonne, ein wilder Fluss oder ein tobender Wirbelsturm. Überall steckt Energie drin. Diese wird in großen Kraftwerken in elektrische Energie umgewandelt. Dort erzeugen Generatoren aus Sonne, Wind, Wasser, Kohle oder Uran Strom.

Wusstest du,

- dass es über 1,5 Millionen Kilometer Stromleitungen in Deutschland gibt?
- dass man heute noch Strom sagt, weil man sich früher den Transport von elektrischer Energie wie das Strömen von Wasser vorgestellt hat?
- dass der direkte Kontakt mit Strom dein Herz aus dem Rhythmus bringen könnte. Das ist sehr gefährlich. Also niemals ein kaputtes Gerät an die Steckdose anschließen!

Wie kommt der Strom in die Steckdose?

Der in Kraftwerken produzierte Strom wird durch lange, dicke Leitungen in alle Richtungen verteilt. Auch zu dir nach Hause wird er geschickt. Diese Leitungen sind an hohen Masten befestigt. Das ist auch gut so. Denn würdest du sie anfassen, würde dich der in ihnen fließende Strom töten! Die Leitungen führen zu allen Städten und Dörfern. Dort werden sie unterirdisch verlegt und in dein Haus geführt. Wie ein großer Kabelsalat geht es dann weiter zu jeder Steckdose oder Lichtquelle.

In solchen Kabeln wird Strom transportiert.

Musik-CDs

Wie kommt die Musik von der CD?

Auf einer Compactdisc (CD) sind unzählige kleinere und größere Vertiefungen. Man nennt sie Pits. Sie sind so winzig, dass du sie mit dem bloßen Auge gar nicht erkennen kannst. Eine CD speichert Musik in Form dieser Pits. Beim Abspielen tastet ein Laserstrahl die Vertiefungen auf der sich drehenden Scheibe ab.

Kommt nur Musik auf eine CD?

Auf einer CD kann nicht nur Musik gespeichert werden. Auch riesige Mengen von Texten und Bildern lassen sich auf einer CD festhalten. Solch eine CD heißt CD-ROM. Mit einem Computer kann man den Inhalt einer CD-ROM lesen und hören. Mittlerweile gibt es auch viele tolle Lernprogramme auf CD-ROMs.

Wusstest du,

- dass die Technik, Musik auf CDs zu speichern, noch nicht sehr alt ist? Sie wurde zu Beginn der 1980er Jahre entwickelt. Die CD löste die Schallplatte ab.
- dass CDs einen Durchmesser von 12 Zentimetern und ein Gewicht von 15 Gramm haben?
- dass man CDs immer nur am Rand anfassen soll? Wenn CDs nämlich verkratzt oder verschmutzt sind, kann ein CD-Player sie nicht mehr lesen.

Zum Abspielen einer CD brauchst du einen CD-Player.

Kennst du schon MP3?

Man kann sich CDs kaufen oder ausleihen. Man kann sich aber auch Musik aus dem Internet herunterladen. Internet-Musik ist im so genannten MP3-Format gespeichert. Mit dieser Technik können die Musikstücke besonders platzsparend auf dem Computer untergebracht werden. Auch das Herunterladen eines Liedes geht viel schneller. Wenn man sich Musik aus dem Internet herunterlädt, muss man dafür bezahlen. Wer sich Musik illegal herunterlädt, macht sich sonst strafbar.

Fernseher

Wusstest du,

- dass die elektrischen Signale immer in der Luft sind? Auch wenn du den Fernseher ausschaltest.
- dass Fernsehprogramme oft über sehr große Entfernungen übertragen werden? Dann werden die Signale über Nachrichtensatelliten geleitet, die im All um die Erde kreisen.
- dass für einen Zeichentrickfilm Tausende verschiedener Zeichnungen angefertigt werden müssen?

Wo ist die Zeit geblieben?

Fernsehen ist ein richtiger Zeiträuber. Wenn du zu lange vor dem Fernseher sitzt, hast du viel zu wenig Zeit für deine Hobbys und deine Freunde. Und du bewegst dich in dieser Zeit kaum. Kinder müssen aber hüpfen, rennen, springen und toben, damit sie gesund groß werden. Also Hände weg von der Fernbedienung!

Darf ich alles im Fernsehen anschauen?

Auch am Nachmittag gibt es Sendungen, die nur für Erwachsene geeignet sind. Für Kinder sind sie zu schwer zu verstehen. Außerdem passieren in diesen Sendungen oft Dinge, die Kindern Angst machen können oder sie überfordern. Am besten, du wählst das Programm immer gemeinsam mit deinen Eltern aus.

Riesige Satellitenschüsseln senden und empfangen Fernsehsignale.

Wie kommen die Bilder eigentlich ins Fernsehen?

Fernsehkameras nehmen Bilder und Töne auf und wandeln sie in elektrische Signale um. Diese Signale werden dann von einer Sendeantenne durch die Luft geschickt. Eine Empfangsantenne fängt sie wieder auf. Euer Fernseher erhält die Signale von der Antenne durch ein Kabel und wandelt sie im Gerät wieder in Bilder und Töne um. Wenn du dann deine Lieblingssendung einschaltest, siehst du bunte Bilder und hörst viele verschiedene Töne.

ASIMOV

Radio

Seit wann gibt es Radio?

Im Dezember 1920 konnten die Menschen zum ersten Mal ein Musikkonzert im Radio hören. Passend zur Weihnachtszeit wurde »Stille Nacht, heilige Nacht« gesendet. Damals waren die Radios noch sehr groß. Sie lieferten nur einen schwachen, dumpfen Klang und mussten darum mit Kopfhörern gehört werden.

Gibt es im Radio auch Kinderprogramme?

Es gibt viele verschiedene Radiosender. Einige senden vor allem Pop- und Rockmusik, andere eher klassische Musik. Auf vielen Sendern gibt es auch Programme für Kinder, etwa Kinderhörspiele. Im Internet oder in Programmzeitschriften kannst du dich über alle Kindersendungen im Radio informieren.

Wusstest du,

- dass man mit Weltempfängern Radiosender aus aller Welt empfangen kann?
- dass in modernen Rundfunkstudios die Lieder per Computer ausgesucht werden?
- dass das Autoradio erst 1930 erfunden wurde? Vorher wurden einfach normale Zimmerradios in die Autos eingebaut.
- dass Radiosender für die Übertragung verschiedene Wellenlängen benutzen?

Viele Rundfunksender senden rund um die Uhr. Egal, wann du einschaltest: Da läuft immer Musik.

Wie kommt die Musik ins Radio?

Jede Radiosendung beginnt mit einer Aufnahme. Sprache, Musik und Geräusche werden von einem Mikrofon eingefangen und in elektrische Signale umgewandelt. Von Sendemasten aus wird das Radioprogramm gleichmäßig in alle Richtungen ausgestrahlt. So wie sich Wellen in einem Teich, in den du einen Stein geworfen hast, ringförmig ausbreiten, so strahlen auch die Radiowellen aus. Euer Radio empfängt sie und wandelt sie wieder in Sprache, Musik und Geräusche um.

SuperTech

Computer

Wer muss sich mit Computern auskennen?

Einfach alle Menschen! Ob Computerspiele, Hausaufgaben oder Surfen – Computer sind aus unserem Leben nicht mehr wegzudenken. Es gibt kaum noch einen Beruf, in dem man nicht ab und an am Computer arbeitet. Du findest sie auch dort, wo du sie gar nicht erwartest, zum Beispiel in der Medizin.

Wer hat die Abc-Tasten gemischt?

Diese Anordnung stammt aus einer Zeit, als es noch keine Computer, sondern nur mechanische Schreibmaschinen gab. Beim schnellen Tippen haben sich die Typenhebelarme mit den Buchstaben vorne dran schnell verhakt. Darum wurden Buchstaben, die häufig gebraucht wurden, weit auseinander angeordnet.

Wusstest du,

- dass man tragbare Computer Laptop oder Notebook nennt?
- dass die Computermaus keinen Käse mag? Mit der Maus kann man den Cursor im Monitor bewegen und dem Computer Befehle erteilen.
- dass ein Schachcomputer sogar den allerbesten Schachspieler der Welt besiegt hat?
- dass die ersten Computer so groß wie ein ganzes Zimmer waren?

Mikrochips sind Herz und Kopf eines Computers. Sie können rechnen, Daten speichern und Entscheidungen treffen.

Wie funktioniert das Internet?

Das Internet besteht aus sehr, sehr vielen Computern. Über das Telefonnetz sind sie miteinander zu einem großen Computernetzwerk zusammengeschlossen. Dabei hat jeder Computer eine eigene Internet-Adresse. Die meisten Angebote im Internet beginnen mit »www«. Im Internet kannst du zum Beispiel Spiele oder Musik herunterladen, dich über fremde Länder informieren, mit anderen Kindern chatten (reden) oder einen elektronischen Brief, eine E-Mail, senden oder empfangen.

DELL

Telefon

Wie funktioniert ein Telefon?

Beim Telefon wird Sprache in einem Mikrofon in elektrische Schwingungen umgewandelt und durch eine Leitung oder mit Funktechnik blitzschnell zu einem anderen Telefon übertragen. Dort werden die Schwingungen im Hörer wieder in Tonsignale zurückverwandelt.

Kann man mit Handys nur telefonieren?

Handys sind drahtlose Telefone. Sie sind so klein und leicht, dass man sie überallhin mitnehmen kann. Man kann mit ihnen nicht nur telefonieren. Mit vielen modernen Handys kann man auch Fotos machen, E-Mails verschicken, Musik hören oder man kann sie zum Spielen benutzen.

Wusstest du,

- dass das Telefonnetz die ganze Welt umspannt?
- dass jede Telefonnummer weltweit nur einmal vorkommt?
- dass eine SMS ein kurzer Text ist, den man mit einem Handy verschicken und empfangen kann?
- dass es früher ein »Fräulein vom Amt« gab, das die Gesprächspartner von Hand verbunden hat? Heute geht das automatisch.

Moderne Handys können sogar Videos senden und empfangen.

Brauchen auch Kinder ein Handy?

An jeder Ecke klingeln sie: die Handys. Das nervt manchmal ganz schön! Auch viele Kinder haben mittlerweile ein eigenes Handy. So sind sie für die Eltern immer erreichbar. Und in einem Notfall können sie ganz schnell Hilfe rufen. Ein Handy ist aber kein Spielzeug. Die Gespräche sind sehr teuer. Darum sollten Kinder – wenn überhaupt – ein Handy mit Prepaid-Karte haben. Wenn das Guthaben auf der Karte aufgebraucht ist, können sie nur noch angerufen werden.

Religion und Geschichte

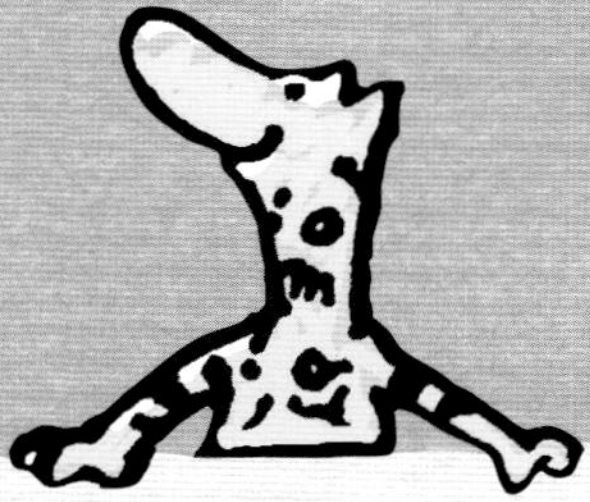

Gott

Glauben alle Menschen an Gott?

Viele Menschen glauben an Gott. Für die Juden, Christen und Moslems gibt es nur einen einzigen, allmächtigen Gott. Es gibt aber auch viele Menschen, die an mehrere Götter glauben, zum Beispiel die Hindus in Indien. Und dann gibt es noch viele Menschen, die gar nicht an Gott glauben. Man nennt sie Atheisten.

Warum glauben Menschen an Gott?

Menschen, die an Gott glauben, verehren ihn und beten zu ihm. Sie glauben, dass er die Welt erschaffen hat und das Schicksal der Menschen lenkt. Gott gibt ihnen Gebote für ein richtiges Leben. Häufig gibt der Glaube an Gott den Menschen Trost, Mut und Kraft. Und er hilft ihnen, vor dem Tod keine Angst zu haben.

Wusstest du,

- dass es auf der Welt viele unterschiedliche Religionen gibt?
- dass es fünf große Weltreligionen gibt? Dazu gehören Judentum, Christentum, Islam, Buddhismus und Hinduismus.
- dass alle großen Religionen ein Gotteshaus haben, in dem die Menschen zu Gott beten können?
- dass unsere Vorfahren nicht nur einen, sondern viele verschiedene Götter verehrten?

In vielen Religionen zünden Menschen Kerzen an. Kerzen gelten als Symbol des Lichts und des Glaubens.

Wie sieht Gott aus und wo wohnt er?

Früher haben Maler und Bildhauer Gott oft die Gestalt eines alten Mannes mit einem langen grauen Bart gegeben. Doch vielleicht sieht Gott auch ganz anders aus. Niemand weiß, welche Gestalt er hat. Wohnt er im Himmel? Vielleicht auf einer Wolke? Oder in der Kirche? Gott kann an allen Orten gleichzeitig sein. Er hat keine bestimmte Adresse. Für die Menschen, die an Gott glauben, ist Gott überall. Auch wenn sie ihn nicht erkennen können, ist er immer da.

Judentum

Wie wird man Jüdin oder Jude?

Das Judentum ist eine Religion. Die Juden sind aber auch ein Volk. Nach den jüdischen Gesetzen ist jedes Kind, das von einer jüdischen Mutter geboren wurde, eine Jüdin oder ein Jude. Auch bezeichnet man Menschen, die zur jüdischen Religion übergetreten sind, als Juden. Es ist egal, in welchem Land sie leben.

Glauben Juden auch an Gott?

Wie die Christen und die Moslems glauben auch die Juden an einen einzigen Gott, der die Welt erschaffen hat. Die Juden nennen ihren Gott Jahwe. Fromme Juden sprechen den Namen aus Ehrfurcht vor der Größe Gottes aber nicht aus. Sie sagen oder schreiben stattdessen das Wort Herr.

Wusstest du,

- dass Juden ihren Gottesdienst in einer Synagoge feiern?
- dass strenggläubige Juden viele Regeln beachten müssen? Sie essen zum Beispiel nur bestimmte reine Dinge, die sie koscher nennen.
- dass manche jüdische Jungen ein Käppchen, die so genannte Kippah, tragen?
- dass manche jüdische Mädchen eine Kette mit einem Davidstern als Anhänger tragen?

Die Thora ist die wichtigste heilige Schrift der Juden.

Feiern Juden auch das Weihnachtsfest?

Wenn die Christen Weihnachten feiern, feiern die Juden das Chanukka-Fest. Dieses Fest dauert acht Tage. Jede jüdische Familie besitzt einen achtarmigen Kerzenleuchter, den Chanukka-Leuchter. Jeden Tag wird eine Kerze mehr angezündet, bis am Ende alle acht Kerzen brennen. Am letzten Abend trifft sich die ganze Familie mit Freunden. Alle feiern fröhlich und ausgelassen. Es gibt viele leckere Sachen zum Essen und die meisten Kinder bekommen Geschenke und Süßigkeiten.

Christentum

Wer war Jesus?

Die Christen glauben, dass Jesus der Sohn Gottes ist. Gott hat ihn auf die Erde geschickt, um den Menschen zu lehren, wie man lebt. Jesus wanderte umher, predigte zu den Menschen und heilte Kranke durch die Kraft des Glaubens. Jesu Lehren und Taten stehen im Neuen Testament.

Warum musste Jesus am Kreuz sterben?

Die Lehren von Jesus störten die Machthaber Palästinas. Sie fürchteten, Jesus könnte das Volk gegen sie aufbringen. Deshalb verurteilten sie ihn zum Tode und nagelten ihn an ein Kreuz. Die Christen glauben, dass Jesus drei Tage nach seinem Tod auferstanden und in den Himmel aufgefahren ist.

Wusstest du,

- dass die Geburt von Jesus vor ungefähr 2000 Jahren der Beginn unserer Zeitrechnung ist?
- dass in Erinnerung an die Leiden von Jesus Christus in jeder Kirche ein Holzkreuz aufgehängt wird?
- dass es auch Kinder-Bibeln gibt? Die Texte sind so geschrieben, dass Kinder sie leicht verstehen können.
- dass es weltweit ungefähr 2 Milliarden Christen gibt?

Mit der Taufe wird man in die Gemeinde der Christen aufgenommen.

Was ist die Bibel?

Die Bibel ist das heilige Buch der Christen. Eigentlich ist die Bibel gar nicht »ein« Buch. Die Bibel besteht aus vielen verschiedenen Büchern. Diese wurden vor sehr langer Zeit von ganz unterschiedlichen Menschen geschrieben. Die Bibel besteht aus zwei großen Teilen: dem Alten Testament und dem Neuen Testament. In der Bibel stehen ganz viele Geschichten. Darin steht zum Beispiel, wie Gott die Welt erschuf oder wie Noah mit seiner Arche viele Tiere vor einer großen Flut gerettet hat.

Islam

Warum beten Moslems auf Teppichen?

Der Islam ist eine der großen Weltreligionen. Seine Anhänger nennen sich Muslime oder Moslems. Sie können überall beten, etwa zu Hause oder in ihrem Gotteshaus, der Moschee. Das Gebet soll aber an einem sauberen Ort stattfinden. Deswegen rollen sie vor dem Beten einen Gebetsteppich aus.

Beten Moslems auch zu Gott?

Moslems verehren einen Gott, den sie Allah nennen. Sie glauben, dass Allah viele Lehrer und Propheten auf die Erde geschickt hat, beispielsweise Abraham und Mohammed. Das heilige Buch des Islam ist der Koran. Er setzt sich aus 114 Suren (Abschnitte) zusammen. Im Koran stehen zum Beispiel viele Gebete.

Wusstest du,

- dass der Gebetsteppich in die Richtung von Mekka zeigen soll? Um diese Richtung herauszufinden, nehmen Moslems häufig einen Kompass zu Hilfe.
- dass im Fastenmonat Ramadan vom Sonnenaufgang bis -untergang nichts gegessen und getrunken werden darf?
- dass moslemische Kinder am Ende des Fastenmonats mit ihren Eltern das Zuckerfest feiern? Dann gibt es viele süße Gerichte – mmh!

Viele moslemische Frauen tragen die Burka, das traditionelle Kopftuch.

Warum tragen islamische Frauen ein Kopftuch?

Der Islam verlangt von seinen Anhängern, dass sie einige Vorschriften beachten. So müssen sie zum Beispiel fünfmal am Tag beten. Jeder Gesunde muss den Fastenmonat Ramadan einhalten und sollte einmal im Leben nach Mekka pilgern. Viele islamische Frauen tragen Kopftücher, wenn sie das Haus verlassen. Niemand außer ihrer Familie darf ihre Haare sehen. Wenn die Frauen zu Hause sind, bedecken sie ihre Haare aber nicht mehr.

Steinzeit

Was hat die Steinzeit mit Steinen zu tun?

Mit Beginn der Steinzeit, vor etwa zwei Millionen Jahren, lernten die Menschen, Werkzeuge und Waffen aus Steinen herzustellen. Darum nennt man diesen Zeitraum Steinzeit. Die Steinzeitmenschen suchten sich sehr harte Steine und stellten aus ihnen Faustkeile, Schaber, Stichel und Steinspitzen her.

Womit spielten Kinder in der Steinzeit?

Kleinere Kinder spielten oft mit Bärenknochen. Größere Kinder mussten viel mithelfen. Sie sammelten zum Beispiel Beeren, Pilze und Nüsse oder halfen beim Enthäuten der Tiere. Hatten sie nichts zu tun; dann spielten sie mit selbstgebauten Speeren eine Jagd nach, bauten sich Höhlen und spielten Verstecken.

Wusstest du,

- dass die Menschen am Anfang der Steinzeit Jäger und Sammler und am Ende der Steinzeit sesshafte Viehzüchter und Ackerbauern waren?
- dass Steinzeitmenschen in Zelten aus Tierfellen oder in Höhlen lebten?
- dass sie Nadeln aus Knochen hatten, mit denen sie Tierhäute vernähten?
- dass nach der Steinzeit die Bronzezeit anfing?

Aus der Steinzeit gibt es sehr schöne Höhlenmalereien.

Kannten die Menschen damals schon Feuer?

Die Steinzeitmenschen konnten schon Feuer machen. Sie nutzten das Feuer zum Braten und Kochen, um Licht und Wärme zu erhalten und um wilde Tiere zu vertreiben. Außerdem härteten sie ihre Speerspitzen über dem Feuer. Doch wie machten sie das Feuer? Streichhölzer gab es damals schließlich noch nicht! Die Steinzeitmenschen haben zum Beispiel Feuersteine aneinandergeschlagen, bis sich Funken bildeten. Mit den Funken haben sie dann getrocknetes Gras entzündet.

Altes Ägypten

Wer waren die Pharaonen?

Die Pharaonen waren die ägyptischen Könige. Sie waren sehr reich und wurden wie Götter verehrt. Manche ließen sich riesige Gräber bauen, die Pyramiden. In diesen hat man später ihre Mumien gefunden. Um die Leichen zu erhalten, wurden die toten Körper mit harzbestrichenen Leinenbändern umwickelt.

Wie entstanden die Pyramiden?

Beim Bau einer Pyramide waren viele tausend Menschen beteiligt: zum Beispiel ein Baumeister, der den Bau überwachte, Handwerker und unzählige einfache Arbeiter. Da man damals noch keine Kräne kannte, weiß man bis heute nicht genau, wie die Menschen solche riesigen Steine auftürmen konnten.

Wusstest du,

- dass zum Beispiel Ramses, Tutanchamun und Cheops berühmte Pharaonen waren?
- dass in Mittelamerika Mayas, Azteken und Inkas ebenfalls Pyramiden gebaut haben?
- dass damals die reichen Ägypter sehr viele Sklaven hatten?
- dass nicht alle Menschen im alten Ägypten lesen und schreiben konnten? Darum gab es damals den Beruf des Schreibers.

Hieroglyphen wurden in waagerechten oder senkrechten Reihen geschrieben.

Was sind Hieroglyphen?

Die alten Ägypter hatten noch kein Papier. Sie schrieben auf Papyrus. Das ist eine Art Gras. Sie benutzten eine Bilderschrift, die Hieroglyphen. Diese Schrift sieht sehr schön aus. Jede Hieroglyphe stellt einen Menschen, ein Tier oder einen Gegenstand dar. Die Schrift war schwer zu lernen. Darum blieb sie den Wissenschaftlern auch lange rätselhaft. Schreibst du manchmal in Hieroglyphen? So nennt man nämlich heute noch eine Schrift, die man kaum lesen kann.

Ritter

Wie wurde man Ritter?

Nur der Sohn eines Adligen konnte zum Ritter ausgebildet werden. Mit 7 Jahren begann seine ritterliche Ausbildung. Zuerst arbeitete er als Page. Das ist eine Art Diener bei der Frau eines Ritters. Mit 14 Jahren wurde er Knappe und musste einem anderen Ritter dienen. Mit 21 Jahren erhielt er dann den Ritterschlag.

Tat der Ritterschlag weh?

Für den Ritterschlag musste sich der Knappe vor seinem Herrn niederknien. In einem Eid gelobte er, mutig und tapfer zu sein. Dann berührte ihn sein Herr mit der flachen Seite seines Schwertes leicht am Nacken oder an der Schulter. Nun war der Knappe selbst ein Ritter und ein fröhliches Fest wurde gefeiert.

Wusstest du,

- dass es die Aufgabe eines Ritters war, das Land seines Herrn zu verteidigen?
- dass Ritter in Turnieren ihren Mut und ihre Geschicklichkeit zeigten?
- dass es edle Ritter und grausame Raubritter gab?
- dass auch der Schild den Ritter schützte? Auf dem Schild war das Wappen des Ritters. So wussten die Ritter immer, gegen wen sie kämpften.

Die Ausrüstung eines Ritters war sehr wertvoll.

Warum trugen Ritter eine Rüstung?

Im Kampf trug der Ritter eine Rüstung. Sie schützte ihn vor den Pfeilen, Schwertern und Lanzen der Feinde. So eine Ritterrüstung bestand aus vielen Teilen: zum Beispiel einem Helm, einem Brustpanzer, Arm- und Beinröhren und Eisenschuhen. Sie war ziemlich unbequem und richtig schwer. Eine Ritterrüstung wog bis zu 25 Kilogramm. Im Sommer müssen die Ritter darin ganz schön geschwitzt haben! Beim Anlegen der Rüstung und beim Aufsteigen auf das Pferd half dem Ritter sein Knappe.

Burg

Wer lebte auf einer Burg?

Auf einer Burg lebten Könige oder Adlige mit ihren Familien. Außerdem gehörten zu den Burgbewohnern Mägde und Knechte für Haushalt und Stallungen, bewaffnete Knechte für die Verteidigung und natürlich der Burgvogt, der die Burg verwaltete. Viele Burgen hatten auch eine eigene Schmiede.

Warum haben Burgen Türme?

Von den hohen Türmen aus konnten Angreifer früh gesehen und von oben herab beschossen werden. Ein besonders hoher Turm, der Bergfried, diente als letzter Schutz für die Belagerten, wenn Feinde schon in die Burg eingedrungen waren. Unter einem Turm befand sich oft auch das dunkle, modrige Verlies.

Wusstest du,

- dass Burgen meist auf einen Berg, in einen See oder an einen steilen Felshang gebaut wurden? So boten sie den größten Schutz vor Angriffen.
- dass das Leben auf einer Burg ziemlich hart war? Es gab kaum Heizungen, keine Fensterscheiben und kein elektrisches Licht.
- dass es auf Burgen aber schon Klos gab? Der Sitz war meist eine Steinplatte mit einem runden Loch.

Die Wendeltreppen in Burgen sind immer rechtsherum gewunden.

Aus welchem Grund hatten Burgen eine Zugbrücke?

Burgen sollten die Burgbewohner gegen Feinde schützen. Die Angreifer sollten möglichst erst gar nicht zum Eingang der Burg gelangen. Darum war eine Burg häufig von einem breiten Wassergraben umgeben. Über den Graben führte eine Zugbrücke, die bei Gefahr einfach hochgezogen werden konnte. Jetzt war die Burg von außen nicht mehr zu erreichen. Als zusätzliche Sperre war vor dem Burgtor meist noch ein Fallgitter angebracht. Bei Gefahr konnte es rasch gesenkt werden.

Wikinger

Wann lebten die Wikinger?

Die Wikinger waren ein Volksstamm, der vor mehr als 1000 Jahren lebte. Sie kamen aus dem Gebiet des heutigen Schweden, Norwegen und Dänemark. Von dort haben sie sich über weite Teile Europas ausgebreitet. Mit ihren Drachenschiffen haben sie sogar den amerikanischen Kontinent erreicht.

Waren alle Wikinger Räuber?

Viele Wikinger waren gefürchtete Krieger. Aber sie gingen nicht immerzu auf Beutezug. Denn die meisten Wikinger waren vor allem auch Händler, Siedler, Bauern und Handwerker. Weil das Land, auf dem sie lebten, so karg war, unternahmen die Männer Raubzüge an fremden Küsten.

Wusstest du,

- dass die Wikinger gar keine Helme mit Hörnern trugen?
- dass »Wiking« tatsächlich »Piraterie« bedeutet?
- dass die Wikinger noch keine Knöpfe kannten? Sie nahmen Nadeln oder schöne Broschen, um ihre Kleidung zu befestigen.
- dass die Wikinger nach einem erfolgreichen Raubzug immer ein großes, lautes und ausgelassenes Fest feierten?

Die Wikinger lebten in Holzhäusern, die »Langhäuser« genannt werden.

Welche Boote hatten die Wikinger?

Die Wikinger liebten das Meer und gaben ihm oft wunderschöne Namen, zum Beispiel »glücklicher Ort«. Wikinger waren meisterhafte Seefahrer. Sie hatten viele verschiedene Boote. Etwa dickbauchige Segelschiffe für Handelszwecke oder auch die viel schmaleren Kriegsschiffe. Drachenschiffe waren besonders schnell. Sie konnten bis zu zehn Knoten (18,5 km/h) erreichen. Am Bug dieser Schiffe, also vorne, befand sich meist ein hölzerner Drachen- oder Schlangenkopf.

Piraten

Wer waren die Piraten?

Piraten waren der »Schrecken der Meere«. Sie hielten sich nicht an die Gesetze, überfielen andere Schiffe und stahlen die Fracht. Einige Piraten hatten von ihrem König sogar die Genehmigung, feindliche Schiffe auszurauben und zu versenken. Man nannte sie Freibeuter oder Korsaren.

Wie sahen die Piratenflaggen aus?

Auf einmal ruft der Mann am Ausguck: »Feindliches Schiff in Sicht! Alle an die Kanonen!« Er sieht die schwarze Piratenflagge im Wind flattern. Auf der Piratenflagge war meist ein Totenkopf mit gekreuzten Knochen oder Schwertern. Manchmal war auch ein weißes Skelett daraufgemalt.

Wusstest du,

- dass Piraterie mit dem Tode bestraft wurde?
- dass ein Piratenschiff auf der Suche nach Beute meist die Piratenflagge einzog und eine falsche Flagge hisste?
- dass der wohl berühmteste Pirat Deutschlands Klaus Störtebeker war? Er trieb in Nord- und Ostsee sein Unwesen.
- dass es auch heute noch Piraten gibt, die mit schnellen Booten auf Raubfahrt gehen?

Kennst du dich mit Schatzkarten aus? Zeichne doch mal eine!

Was machten die Piraten mit dem Schatz?

War ein Piratenschiff nahe genug an ein anderes Schiff gekommen, setzten die Piraten über und raubten die Ladung. Am liebsten hatten sie Gold, Silber oder Edelsteine. Oft bestand der Schatz aber aus Stoffen, Gewürzen, Lebensmitteln oder Waffen. Der Schatz wurde nach festen Regeln unter der Mannschaft aufgeteilt und auf Märkten verkauft. Von dem Erlös kauften sich die Piraten Proviant oder Messer und Pistolen für die nächste Raubfahrt. Vergraben haben sie ihren Schatz meist nicht.

Indianer

Wer gab den Indianern ihren Namen?

Vor etwa 500 Jahren wollte der Seefahrer Christoph Kolumbus den kürzesten Seeweg nach Indien finden. Er erreichte tatsächlich ein Land und glaubte bis zu seinem Tod, dass es Indien sei. Deshalb nannte er die Ureinwohner des Landes Indianer. In Wirklichkeit hatte Kolumbus aber Amerika entdeckt!

Wozu hatten die Indianer Totempfähle?

Totempfähle wurden aus Holz geschnitzt. Die Schnitzereien auf dem Stamm zeigen Tiere, Menschen und Geister. Sie erzählen von einer Familie. Der Stamm sollte die Menschen schützen. In Indianerfilmen sieht man häufig, dass Gefangene an Totempfähle angebunden wurden. Das stimmt aber gar nicht!

Wusstest du,

- dass sich die Indianer selbst »Native Americans« oder »First Nations« nennen?
- dass nicht alle Indianer früher in runden Zelten, den Tipis, lebten? Es gab auch Indianer, die in Holz- oder Lehmhäusern oder in kugelförmigen Hütten (Wigwams) wohnten.
- dass weiße Siedler den Indianern ihr Land weggenommen haben? Die meisten Indianer in Nordamerika leben heute verarmt in Reservaten.

Zum Schutz vor bösen Geistern stellten Indianer Totempfähle auf.

Warum trugen Indianer Federn auf dem Kopf?

Viele Indianerstämme hatten ihren eigenen Federschmuck. Die Federn waren ein wichtiges Zeichen. Daran konnte man erkennen, ob ein Indianer von seinem Stamm geachtet wurde und wie viele Heldentaten er schon vollbracht hatte. Ein Krieger konnte meist nur Häuptling werden, wenn er viele Federn auf seinem Kopf trug. Die besten und mutigsten Krieger durften sich mit Adlerfedern schmücken. Denn der Adler mit seinen scharfen Augen wurde von den Indianern besonders verehrt.

Politik und Gesellschaft

Familie 134

Hat jedes Kind eine Familie?
Warum streiten wir uns?
Warum soll ich lieb zu meinen kleinen Geschwistern sein?

Regeln 136

Wozu gibt es Regeln?
Warum kann ich nicht tun, was ich will?
Warum soll ich immer »bitte« und »danke« sagen?

Schule 138

Warum muss ich zur Schule gehen?
Warum muss ich Hausaufgaben machen?
Gehen alle Kinder in die Schule?

Arbeit 140

Warum müssen Erwachsene arbeiten?
Was bedeutet es, »arbeitslos« zu sein?
Wie bekommt man einen Beruf?

Geld 142

Warum bezahlen wir mit Geld?
Wie bezahlte man früher?
Warum reicht mein Taschengeld nie?

Armut 144

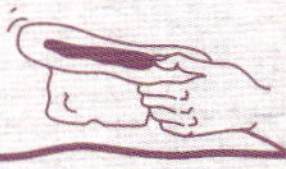

Gibt es mehr arme oder reiche Menschen?
Warum sind so viele Menschen arm?
Gibt es auch Kinder, die in Armut leben?

Familie

Hat jedes Kind eine Familie?

Jedes Kind hat eine Familie. Die kann aber ganz unterschiedlich aussehen. Manche Kinder leben mit Geschwistern, Eltern und Großeltern zusammen. Andere haben eine ganz kleine Familie. Manchmal besteht sie nur aus Mutter und Kind. Durch Unfall oder Krankheit können Menschen auch Familienmitglieder verlieren.

Warum streiten wir uns?

Auch in glücklichen Familien wird gestritten. Eltern streiten sich um Geld, Liebe und vieles mehr. Kinder streiten sich um das letzte Eis, wer zuerst anfangen darf und und und. Es ist nicht schlimm, wenn gestritten wird. Es ist aber wichtig, dass man nach dem Streit wieder miteinander redet und sich wieder verträgt.

Wusstest du,

- dass es auch Pflanzenfamilien gibt? Verwandte Pflanzengattungen bilden zusammen eine Pflanzenfamilie.
- dass ein Kind ohne Eltern ein Waisenkind ist?
- dass man einen Streit auch beenden kann, indem jeder etwas nachgibt? Das nennt man dann Kompromiss.
- dass es die »ideale« Familie nicht gibt? Es gibt heute viele Formen des Zusammenlebens.

In einem Stammbaum sind alle Familienangehörigen eingezeichnet.

Warum soll ich lieb zu meinen kleinen Geschwistern sein?

Kleine Geschwister können manchmal ganz schön nerven! Immer wollen sie dabei sein. Immer wollen sie mitmachen. Immer wollen sie haben, was du gerade hast. Sieh es doch mal mit ihren Augen. Sie finden dich wahrscheinlich einfach toll! Sie glauben, dass dein Leben viel aufregender ist als ihres. Sie lernen viele Dinge durch dich. Vielleicht hilft es dir, wenn du dir hin und wieder überlegst, wie großartig es eigentlich ist, einen Bruder oder eine Schwester zu haben.

Regeln

Wusstest du,

- dass Regeln auch verändert werden können? Einer Regeländerung müssen aber alle zustimmen.
- dass es Gesetze und Regeln gibt, die jeder beachten muss? So ist zum Beispiel Stehlen verboten. Wer sich nicht daran hält, wird bestraft.
- dass man früher ganz andere Regeln hatte? Im Mittelalter hat man beispielsweise nach einer Mahlzeit laut gerülpst, wenn es gut geschmeckt hat.

Wozu gibt es Regeln?

Stell dir vor, du wartest an einer Bushaltestelle. Der Bus kommt und jeder will nun zuerst einsteigen. Gleichzeitig steigen auch noch Leute aus. Hilfe, was für ein Chaos! Täglich gibt es viele Situationen, bei denen ohne feste Regeln alles schnell im Chaos enden würde. Regeln erleichtern unser Zusammenleben.

Warum kann ich nicht tun, was ich will?

Erwachsene haben schon viel mehr gelernt als Kinder. Sie wissen zum Beispiel, dass Kinder mehr Schlaf brauchen als Erwachsene. Darum schicken sie sie abends rechtzeitig ins Bett. Und mal ehrlich: Würdest du immer von alleine pünktlich ins Bett gehen, um am nächsten Tag in der Schule fit zu sein?

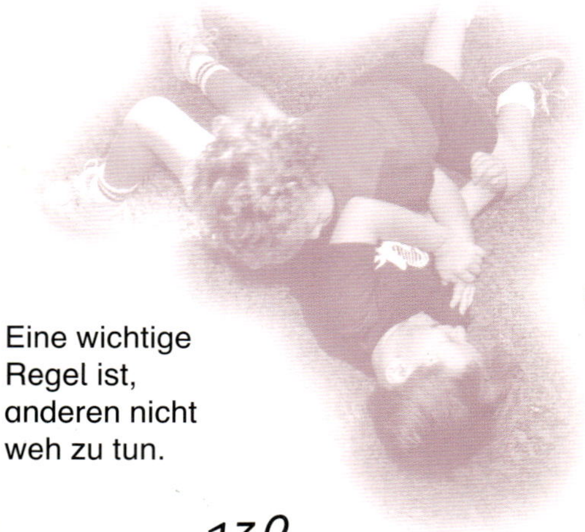

Eine wichtige Regel ist, anderen nicht weh zu tun.

Warum soll ich immer »bitte« und »danke« sagen?

»Bitte« und »danke« sind nur kleine Wörter. Aber sie haben eine große Wirkung. Es sind richtige Zauberwörter. Denn wenn du »bitte« sagst, tun die Leute fast immer gern etwas für dich. Gibst du dagegen eine Anweisung im Befehlston, hat niemand Lust, dir zu helfen. Bedankst du dich für etwas, zeigst du, dass du dich darüber freust. Wenn du zu anderen Menschen höflich bist, sind sie auch zu dir viel freundlicher. Wie gesagt: »Bitte« und »danke« sind richtige Zauberwörter!

Schule

Warum muss ich zur Schule gehen?

Schule macht Spaß! Dort lernt man jeden Tag etwas Neues. Zum Beispiel Lesen, Schreiben und Rechnen. Menschen, die das nicht können, haben es im Leben sehr schwer. Sie müssen immer glauben, was andere ihnen erzählen. Sie können keinen Beruf erlernen und werden keine gut bezahlte Arbeit finden.

Warum muss ich Hausaufgaben machen?

Hausaufgaben gehören zur Schule dazu. So kannst du das, was du in der Schule gelernt hast, noch einmal in Ruhe üben. Und wenn der Lehrer die Hausaufgaben kontrolliert, kann er sehen, was die Kinder noch nicht so gut können. Die Sachen kann er dann den Kindern noch mal erklären.

Wusstest du,

- dass wir nicht für die Schule, sondern für das Leben lernen? So heißt ein altes Sprichwort.
- dass es auch für Kinder Möglichkeiten gibt, Schule zu gestalten? Du kannst zum Beispiel als Klassensprecher sehr viel mitreden.
- dass man Menschen, die nicht lesen und schreiben können, Analphabeten nennt?
- dass man nie aufhört, was zu lernen?

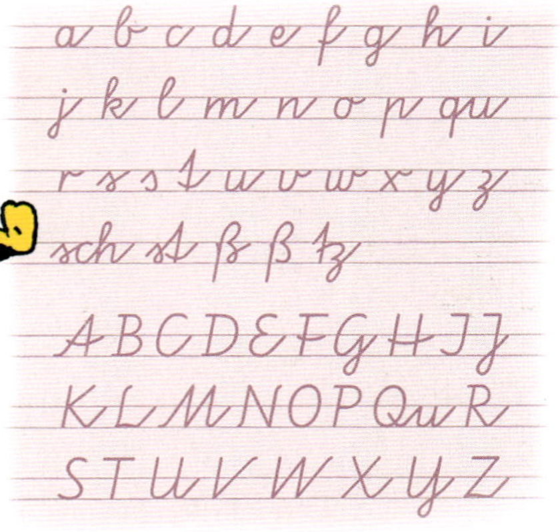

In der Schule lernst du lesen und schreiben.

Gehen alle Kinder in die Schule?

Bei uns besteht Schulpflicht. Alle Kinder, die alt genug sind, kommen in die Schule. Aber in vielen anderen Teilen der Welt können nicht alle Kinder zur Schule gehen. Manche Länder haben nicht genug Geld, um genügend Schulen zu bauen und Lehrer zu bezahlen. Viele Familien sind so arm, dass sie keine Schulbücher kaufen können. Schon kleine Kinder müssen arbeiten gehen, um Geld zu verdienen. Doch weil Lernen so wichtig ist, sollten alle Kinder das Recht haben, zur Schule zu gehen!

Mein
1. Schultag

Arbeit

Warum müssen Erwachsene arbeiten?

Wenn du morgens zur Schule gehst, gehen die meisten Erwachsenen zur Arbeit. Für die Arbeit, die sie leisten, bekommen sie Geld. Mit diesem Geld bezahlen sie die Miete, kaufen Lebensmittel, Kleidung, Geschenke und eine Menge anderer Dinge. Die Arbeit ist – wie die Freizeit – ein wichtiger Teil des Lebens.

Was bedeutet es, »arbeitslos« zu sein?

Nicht alle Menschen, die arbeiten wollen, finden auch eine Arbeitsstelle. Viele Menschen sind ohne Arbeit: Sie sind arbeitslos. Das ist keine schöne Erfahrung. Viele Arbeitslose haben das Gefühl, dass man sie nicht mehr braucht. Außerdem haben sie dann nur noch Geld für das Nötigste.

Wusstest du,

- dass manche Berufe schon viele Tausend Jahre alt sind? Alte Berufe sind zum Beispiel Landwirt oder Holzfäller.
- dass immer wieder neue Berufe entstehen? Noch nicht so alt ist zum Beispiel der Beruf des Programmierers.
- dass die hohe Arbeitslosigkeit eines der größten Probleme in Deutschland ist?
- dass Arbeit auch ganz viel Spaß machen kann?

Viele Menschen müssen auch nachts arbeiten.

Wie bekommt man einen Beruf?

Es gibt viele Berufe, zum Beispiel Lokomotivführer, Polizistin, Arzt oder Lehrerin. Was möchtest du einmal werden? Für die meisten Berufe brauchst du eine Berufsausbildung oder ein Studium. Damit beginnst du am Ende deiner Schulzeit. Eine Berufsausbildung dauert meist drei Jahre. Sie findet in Werkstätten, Betrieben oder Büros statt. Studieren kann man an Hochschulen oder Universitäten. Wenn du zum Beispiel Arzt oder Ärztin werden möchtest, musst du Medizin studieren.

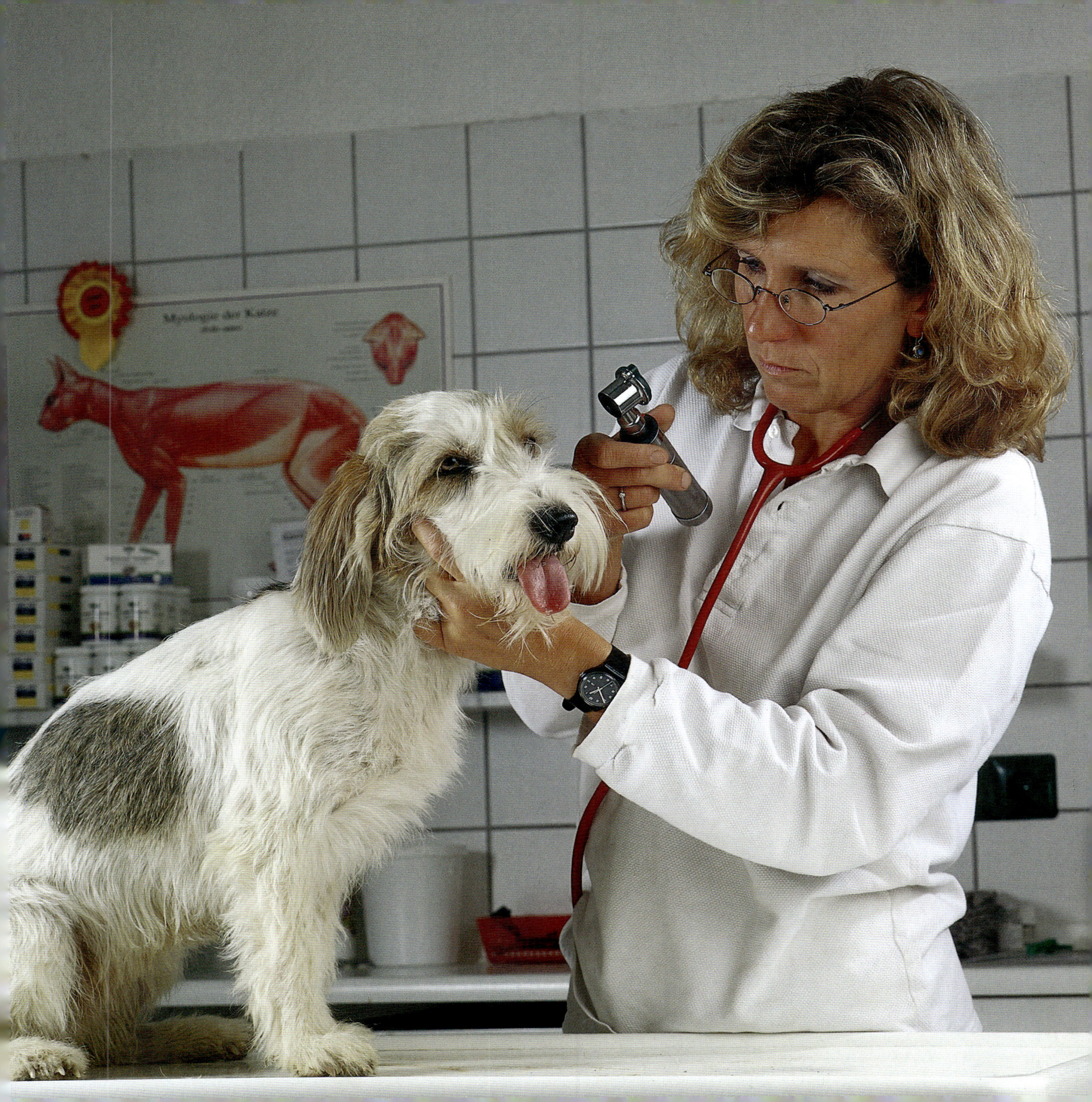

Geld

Warum bezahlen wir mit Geld?

Wenn du dir eine Tüte Lakritz kaufst, gibst du der Verkäuferin dafür Geld. Du tauschst das Geld gegen die Ware. Geld ist nichts anderes als ein Tauschmittel. Früher waren Münzen aus Gold und Silber. Heute ist das Material egal. Auf jeder Münze und jedem Papiergeld steht eine Zahl, die den Wert des Geldes angibt.

Wie bezahlte man früher?

Bevor es Münzen gab, haben die Menschen Waren getauscht. Etwa einen Krug gegen ein Stück Fleisch. Es war oft nicht leicht, einen passenden Tauschpartner zu finden. Denn vielleicht brauchte gerade niemand einen Krug. Geld kann dagegen jeder gut gebrauchen, weil man damit überall einkaufen kann.

Wusstest du,

- dass es auch mal Steine, Schnecken und Salz als Tauschmittel gab?
- dass jedes Land seine Währung hat? In Deutschland ist das der Euro.
- dass man auch ohne Geld einkaufen kann? Zum Beispiel mit einem Scheck, einer Kreditkarte oder einer Chipkarte.
- dass man Geld nicht nur gegen Waren eintauschen kann? Man kann es auch sparen!

Münzen und Papierscheine nennt man Bargeld.

Warum reicht mein Taschengeld nie?

Geld ist eigentlich immer knapp. Fast jeder wünscht sich, er hätte mehr davon. Viele Menschen glauben sogar, wenn sie mehr Geld hätten, wären sie glücklicher. Dabei kann man sich mit Geld nicht alles kaufen. Freundschaft, Liebe oder Gesundheit zum Beispiel nicht. Ohne Geldsorgen lebt es sich natürlich angenehmer. Aber mehr Geld bedeutet nicht mehr Glück! Wenn dein Taschengeld nie reicht, bitte doch deine Eltern, es dir wöchentlich zu geben. Dann kannst du es dir vielleicht besser einteilen.

Armut

Gibt es mehr arme oder reiche Menschen?

Einige Menschen sind sehr reich. Die meisten aber nicht. Doch sehr viele Menschen sind schrecklich arm! Die meisten armen Menschen leben in den Entwicklungsländern, zum Beispiel in Bangladesch oder in Niger. Aber auch in so einem reichen Land wie Deutschland gibt es viele arme Menschen.

Warum sind so viele Menschen arm?

Es gibt viele Gründe für Armut. Menschen können zum Beispiel durch eine Überschwemmung alles verlieren. Oder sie leben in einem Land, in dem es fast nie regnet und nichts wächst. In solchen Ländern müssen viele Menschen hungern. Auch durch Krieg oder Arbeitslosigkeit können Menschen verarmen.

Wusstest du,

- dass fast jeder fünfte Mensch auf der Erde arm ist?
- dass in den Entwicklungsländern viele arme Kinder nicht zur Schule gehen?
- dass es in Ländern, in denen große Armut herrscht, meist auch keinen Frieden gibt?
- dass viele Menschen so arm sind, dass sie keine Miete bezahlen können? Sie sind obdachlos und wohnen auf der Straße.

Straßenkinder haben kein Zuhause und müssen um Geld betteln.

Gibt es auch Kinder, die in Armut leben?

Armut kann jeden treffen – alte und junge Menschen, Menschen, die allein leben und ganze Familien. In Deutschland gibt es drei Gruppen, die besonders häufig unter Armut leiden: Familien mit vielen Kindern, Alleinerziehende und Kinder. Arme Kinder sind häufiger krank als Kinder aus Familien mit einem höheren Einkommen. Sie haben oft Hunger, bekommen selten neue Kleider, können keinen Urlaub machen, sind meist nicht in einem Sportverein und haben nicht so viele Freunde.

Sprache

Wer spricht mit den Händen?

Es gibt Menschen, die nicht hören können. Sie sind gehörlos. Statt mit den Ohren »hören« sie mit den Augen. Zum Sprechen benutzen sie ihre Hände und ihren ganzen Körper. Ihre Sprache nennt man Gebärdensprache. Damit können sie sich ebenso unterhalten wie du in der Lautsprache.

Gibt es heute noch Geheimsprachen?

Hast du schon einmal mit deinen Freunden eine elternsichere Geheimsprache erfunden? Seitdem die Menschen schreiben können, gibt es auch Geheimsprachen. Und auch heute noch werden verschlüsselte Botschaften eingesetzt, um geheime Informationen etwa über das Internet zu versenden.

Wusstest du,

- dass die meistgebrauchten Sprachen Chinesisch, Englisch und Spanisch sind?
- dass heute viel mehr Sprachen aussterben als neue Sprachen entstehen?
- dass man mit der Gebärdensprache auch streiten, diskutieren oder singen kann?
- dass es kleine und große Sprachen gibt? Gemessen an der Zahl der Sprecher gibt es mehr kleine als große Sprachen.

Gehörlose Kinder »sprechen« mit der Gebärdensprache.

Warum gibt es so viele verschiedene Sprachen?

Über 6000 verschiedene Sprachen werden auf der Welt gesprochen. Warum es so viele sind, lässt sich nicht genau beantworten. Denn wir können ja keine Zeitmaschine bauen und mit ihr weit in die Vergangenheit reisen. Viele Wissenschaftler glauben, dass alle Sprachen aus einer gemeinsamen Ursprache entstanden sind. Ganz allmählich haben sich die Sprachen dann immer weiter auseinanderentwickelt. Sprachen haben sich auch mit anderen Sprachen vermischt oder sind ausgestorben.

Krieg

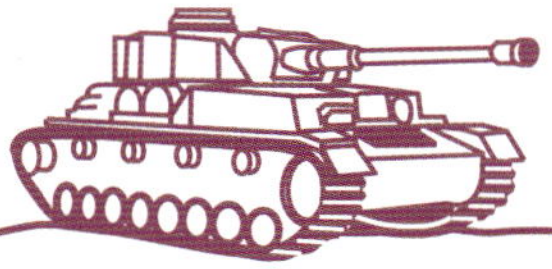

Warum hassen manche Menschen?

Manche Menschen hassen andere nur deshalb, weil sie nicht so sind, wie sie selbst. Sie haben vielleicht eine andere Hautfarbe, sprechen eine andere Sprache oder glauben an einen anderen Gott. Diese Menschen vergessen, dass sie, wenn sie sich mit den Augen der anderen sehen könnten, genauso andersartig wären.

Warum gibt es Kriege?

Kriege passieren nicht einfach. Sie werden von Menschen gemacht. Kriege gibt es, weil Staaten oder ihre Herrscher mehr Land, mehr Macht oder mehr Reichtum haben wollen. Oder weil Staaten Angst haben, ihre Macht oder ihre Freiheit zu verlieren. Andere Kriege werden wegen der Religion geführt.

Wusstest du,

- dass auch heute in vielen Teilen der Erde Krieg herrscht?
- dass es in Ländern, in denen Menschen unterdrückt werden oder hungern müssen, viel mehr Gewalt und Kriege gibt?
- dass es zweimal Kriege gab, an denen fast die ganze Welt beteiligt war? Man nennt sie Weltkriege.
- dass die UNO geschaffen wurde, damit es nie wieder zu einem Weltkrieg kommt?

Die weiße Taube ist das Symbol für den Frieden.

Was machen Kinder im Krieg?

Kinder sind an einem Krieg völlig unschuldig. Trotzdem sind sie in einem Krieg besonders schutzlos. Viele Kinder müssen dann flüchten, hungern oder frieren. Oft verlieren sie ihre Eltern, werden selbst verwundet oder sterben sogar. Die schrecklichen Dinge, die sie im Krieg erleben, können sie häufig ihr ganzes Leben lang nicht mehr vergessen. In manchen Ländern werden Kinder gezwungen, als Soldaten zu kämpfen. Statt zur Schule zu gehen, müssen sie andere Menschen töten.

Mirage

Ausländer

Gibt es Ausländer und Inländer?

Ja, es gibt Ausländer und Inländer. Als Ausländer gelten in Deutschland Menschen, die keine deutsche Staatsbürgerschaft besitzen. Die also keinen deutschen Pass haben. Der Gegenbegriff von Ausländer ist Inländer. Ein Inländer hält sich im Inland auf und besitzt die inländische Staatsbürgerschaft.

Warum leben Asylbewerber in Heimen?

Menschen, die in ihrem Heimatland verfolgt werden, haben bei uns ein Recht auf Schutz. Also ein Recht auf Asyl. Sie müssen einen Asylantrag stellen und dann warten, bis über ihren Antrag entschieden wurde. Das kann sehr lange dauern. Während dieser Zeit dürfen sie nicht arbeiten und sie leben in Heimen.

Wusstest du,

- dass Deutschland ein Zuwanderungsland ist? Es gibt Gesetze, die die Zuwanderung regeln.
- dass in Deutschland über sieben Millionen Männer, Frauen und Kinder leben, die keinen deutschen Pass haben?
- dass alle Menschen irgendwo Ausländer sind?
- dass es weltweit immer mehr Länder gibt, in denen Menschen verfolgt werden?

In vielen Ländern müssen sich auch Kinder auf Reisen ausweisen können.

Warum kommen Ausländer zu uns?

Ausländer sind aus verschiedenen Gründen bei uns. Manche sind hier verheiratet. Manche arbeiten oder studieren hier. Andere sind hier geboren. Es gibt Ausländer, die aus ihrem Heimatland geflohen sind, weil sie dort verfolgt werden oder weil sie vom Krieg bedroht sind. Sie hoffen, dass sie bei uns friedlich leben können. Und es gibt auch Ausländer, die hier einfach Urlaub machen. So wie du mit deinen Eltern im Ausland Urlaub machst und dann dort ein Ausländer bist.

Politik

Was ist eigentlich Politik?

Wird bei euch im Viertel endlich ein neuer Spielplatz gebaut oder eine Ampel vor der Schule errichtet, dann wurde das über die Politik erreicht. Unter Politik versteht man alle Maßnahmen, die das Zusammenleben vieler Menschen regeln. Auch Kinder können sich in die Politik einbringen, etwa als Schülersprecher.

Wozu braucht man Politiker?

Es können ja nicht alle Menschen gleichzeitig darüber entscheiden, welche Politik gemacht wird. Das gäbe ein ganz schönes Durcheinander! Darum wählen die Erwachsenen Frauen und Männer als ihre Vertreter – die Politiker. Der mächtigste Mensch in der Politik ist der Bundeskanzler oder die Bundeskanzlerin.

Wusstest du,

- dass Politiker verschiedenen Parteien angehören?
- dass Kinder auch Rechte haben? Sie stehen im Buch »Die Rechte des Kindes«.
- dass man, je älter man wird, um so mehr Rechte hat? Man hat aber auch um so mehr Pflichten!
- dass man erst wählen darf, wenn man volljährig ist? In Deutschland ist das mit 18 Jahren.

Die UNO passt auf, dass die Menschenrechte weltweit eingehalten werden.

Was sind Menschenrechte?

Alle Menschen sollten bestimmte Rechte haben: Ganz egal, in welchem Land der Erde sie leben, ob sie reich oder arm sind, ob sie helle oder dunkle Haut haben. Dies sind die Menschenrechte. Zu den Menschenrechten gehört unter anderem das Recht auf Leben und auf Freiheit und körperliche Unversehrtheit. Das heißt, dass niemand gefoltert werden darf. Man nennt die Menschenrechte auch Grundrechte. Wir alle sollten darauf achten, dass die Menschenrechte eingehalten werden.

Umwelt

Warum soll ich Wasser nie laufen lassen?

Wenn du den Wasserhahn aufdrehst, fließt daraus sauberes Wasser. Das ist für dich ganz normal. In vielen Entwicklungsländern sterben dagegen Kinder, weil es bei ihnen nicht genug Wasser gibt. Wasser ist ein kostbares Gut und sollte nicht verschwendet werden. Zumal die Wasservorräte der Erde begrenzt sind.

Warum soll ich das Licht ausmachen?

Brennende Glühlampen verbrauchen Energie. Und Energie ist teuer. Dadurch, dass du das Licht ausschaltest, wenn du einen Raum verlässt, lässt sich also eine Menge Energie und Geld sparen. Außerdem schützt du die Umwelt. Denn durch die Erzeugung von Energie wird häufig die Umwelt geschädigt.

Wusstest du,

- dass es einige Umweltschutz-Organisationen gibt, in denen auch Kinder und Jugendliche mitmachen können?
- dass eine einzige Toilettenspülung von dir so viel Wasser verbraucht, wie ein Mensch in einem Entwicklungsland pro Tag zur Verfügung hat?
- dass auch dein Computer, dein Kassettenrekorder und sogar dein Taschenrechner Energie verbrauchen? Lass diese Geräte also nicht unnötig laufen.

Immer mehr Menschen produzieren immer mehr Müll.

Warum muss ich den Müll trennen?

Ist dir schon einmal aufgefallen, wie viel Müll allein bei euch anfällt? Die Müllberge sind riesig! Aber mancher Müll ist richtig wertvoll. So sind etwa Glas, Papier, Kunststoffe und Bio-Müll Wertstoffe, die man gut wieder verwenden kann. Dieser Müll kann recycelt werden. Dazu muss er jedoch getrennt gesammelt werden: Papier in die Papiertonne usw. Aus dem Altpapier lässt sich dann neues Papier herstellen und aus Kunststoffverpackungen werden vielleicht Blumenkästen.

nur für Leichtverpackungen
Tel. 788 3 888
STOP

Register

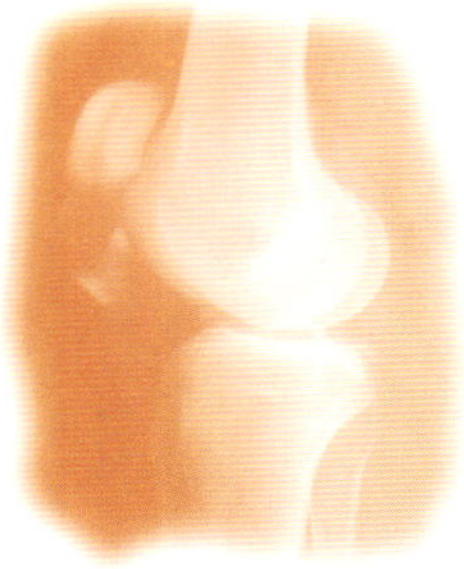

E

F

G

H

I

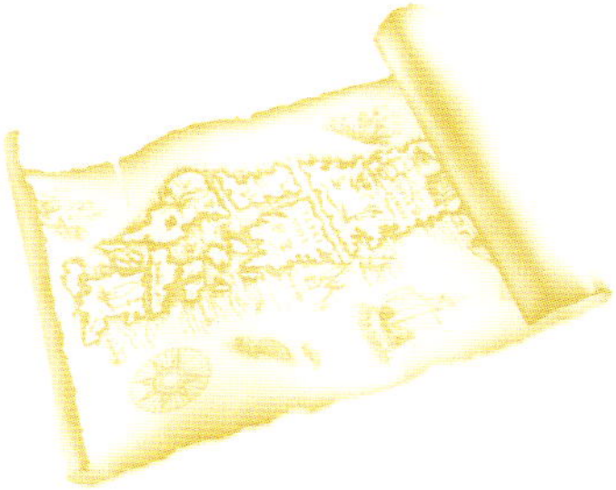

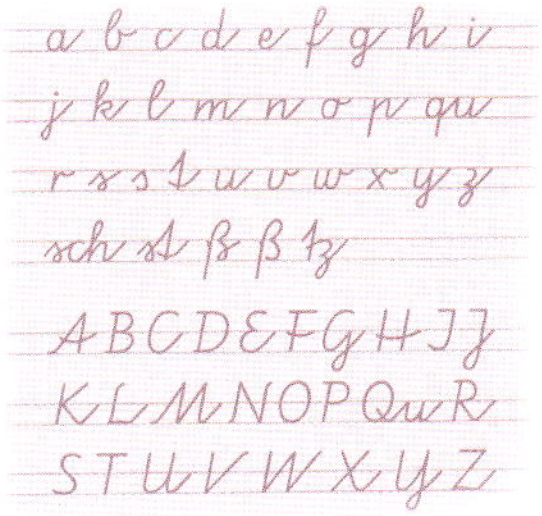
a b c d e f g h i
j k l m n o p qu
r s t u v w x y z
sch ß ß tz
A B C D E F G H I J
K L M N O P Qu R
S T U V W X Y Z

Abbildungsnachweis

Blickwinkel, Dr. Thorsten Schröer, Witten – Schmidbauer (1); Caro Fotoagentur GbR, Berlin – Bastian (1) – Hechtenberg (1); Daimler-Benz Classic Archiv, Stuttgart (1); Deutsches Jugendherbergswerk, Detmold (1); Focus, Hamburg – Science Photo Library/Que (1); IFA-Bilderteam, Ottobrunn (1) – AGE(1) – Aigner (1) – Alexandre (1) – Canez (1) – Deuter (1) – Diaf (1) – DISC (1) – Garet (1) – Harris (1) – Image du Sud (1) – IT/tpl (1) – IT-Stock (1) – Köpfle (1) – LDW (1)- Lukas (1) – Maier (2) – Nägele (1) – NHPA (1) – Pickford (1) – Tschanz (1); istockphoto.com – centvill (1); Juniors Tierbildarchiv, Ruhpolding (3); Mauritius, Mittenwald (2) – ACE (1) – age (1) – cuboImage (1) – Dox Max (1) – Elsen (1) – Frauke (2) – Grinberg (1) – Hollweck (1) – Hubatka (1) – Mallaun (1) – Muscroft (1) – Osford Scientific (1) – Pöhlmann (1) – Photononstop (2) – Raith (1) – Rauschenbach (1) – Reik (2) – Stock Image (1) – superStock (1) – THFW (1) – Vidler (1) – Westend61 (1)); NASA – Johnson Space Center, Houston (1); NASA, Washington DC (1); Nestle Deutschland AG, Frankfurt (1); Okapia KG, Frankfurt – NAS/McHugh (1); Picture Alliance GmbH, Frankfurt- Baum (1) – epa afp/Pavani (1) – epa/ Jalil (1) – Geilert/Faff (1) – Mollenhauer (1) – Okapia/Steimer (1) – Scherer (1); shutterstock.com – Vatikaki (1); Siemens AG, München (1); Sony Deutschland GmbH, Köln (1); Sony Europa GmbH, Köln (1); Topfoto, Kent (8) – Campbell (1) – Cayton (1) – Clark (1) – Daemmberg (1) – Grossmann (1) – Hager (1) – Journal-Courier/Warmowski (1) – Maury (1) – Mulvehil (1) – Photri/Topham Picturepoint (1) – Piwko (1) – Polking (1) – Powell (1) – PressNet (1) – Robert (1) – Ronan Picture Library/HIP (1) – Senisi (2) – sidney (1) – Spraque (1) – Spratt (1) – Syracuse Newspapers (2) – Tanner (1) – Topfoto (1) – topfoto/Woodmansterne (1) – topham Picturepoint (1) – UNEP/Jaehnke (1) – UPPA Ltd. (1) – Werner Forman Archive (2) – West (1) – Wimsett (1) – Wray (1) – 2002 Photri (1); TopicMedia Service, Ottobrunn - Bruckner (1); wissenmedia GmbH, Gütersloh (4)

Abbildungen auf dem Einband:
IFA-Bilderteam, Ottobrunn – Wunsch (o.l.); Mauritius, Mittenwald (u.r.) – Photononstop (u.l.) – Steve Bloom Images (o.r.)